齋藤 孝

# 大人の読解力を鍛え

GS
幻冬舎新書
569

大人の読解力を鍛える／目次

## 第三章 大人の読解力を鍛えるトレーニング

# はじめに

「そんな話をしてるんじゃないんだけど――」

「そういうつもりで言ったわけじゃないんだけど――」

「どうしてそんな意味に取るかなぁ――」


　コミュニケーションや人間関係におけるトラブルの多くは、相手が「何を伝えたいか」「何を言いたいか」を正しく理解できていないことに原因があります。

　最初から真意の伝達を明確に意図して書かれた文章とは違い、日常の会話やプライベートでのメール、SNSなどでのやり取りは、文法的にも語彙的にもロジカルな縛りのない〝緩い〟表現で交わされるのが一般的でしょう。

　さらにSNSがここまで浸透した現代社会では、より短い言葉やシンプルなフレーズによるコミュニケーションが急増しています。ポンポンポンとテンポのいい、コール・アンド・レスポンスで展開する言葉の交流は、現代ならではと言えるでしょう。

しかしその一方で、表現が簡潔過ぎるがゆえに、真意が伝わらない、ねじ曲がって伝わる、ボタンの掛け違いが起きて誤解が生じるといった弊害もあります。実際にそうした意図しないトラブルを経験している人も少なくないでしょう。

綿々と書き綴られた文章にも、雑談で交わすくだけた話し言葉にも、テレビ画面から流れてくる誰かの発言にも、ディスプレイに表示されたひと言二言のフレーズにも――。すべての言葉には、それを発する人の「本当に伝えたいこと」が込められています。

あいまいで言葉足らずになりがちな情報が複雑に飛び交う現代社会では、そこに込められた真意を取り違えず、正確に読み取るスキル＝読解力が不可欠になっています。

そんなこと言っていないじゃないか。この人は、この言葉をこんなふうにしか解釈できないのか。

それはそういう意味じゃないだろう。この人は、この情報からそんなことしか読み取れないのか。

言葉の真意を読み取れず、見当はずれの解釈しかできない＝読解力がないことで、その人の能力だけでなく、人間性をも疑われてしまう時代になっているのです。

読解力といえば一般的には、「文章を読んで内容を正確に理解する能力」のこと。しかし本書で扱う「大人の読解力」とはその解釈をもっと広げて、日常生活で接するあらゆる情報から、その真意を正しく読み取る能力のことを指しています。

昭和、平成、そして令和と、時代は進み、世の中はますます高度情報化の一途をたどっています。メディアは多様化し、情報を取得するツールは日々進化しています。私たちにとって、「言葉」を、言葉の集合体としての「情報」を正しく読み解く力は、現代を生き抜く力と言っても過言ではありません。

ぜひ本書で、現代人の必須スキル「大人の読解力」を磨いてほしいと思います。

# 第一章　大人に必要な読解力

## 1　真意を理解する

### 芯で捉える力――言葉の中心を見極めて確実にミートする

大人の読解力の基本は「相手の伝えたいことの中心＝真意を捉える」ことにあります。野球にたとえるなら、ボールをバットの「真芯」で捉えて打ち返すバッティング技術のようなものと言ってもいいでしょう。芯で捉えられる人は、どんな変化球が来ても、ピッチャーが手を滑らせて大きく外れたボールでも、巧みに対応できます。真芯がどこにあるのかをわかっているから、捉えることができるのです。

文章や言葉の読解も同じことです。

真意を的確に読み取れる読解力のある人は、どんな小説を読んでもどんな映画を観ても、作者や監督の意図をあまり外さずに把握できますが、読解力のない人は、何を読んでも何を観てもことごとく外します。そうした読解力の欠如によって、ときに社会人としての資質を疑われる恐れもあるのです。

多種多彩な球種を投げるピッチャーが増えた現代野球では、何よりボールを芯で捉える確実なミート力が重要視されます。同様に、さまざまな情報が複雑に行き交っている現代社会では、相手の言葉の真意を捉えて誤解や取り違えをしない「言葉のミート力＝大人の読解力」が不可欠になります。

読解力というのは現代を生き抜くのに必要な共通の能力なのです。

## 文脈で捉える力――単体ではなく前後の関係性から真意を把握する

「言葉」はそれひとつだけで成り立っているものではありません。

言葉は、他の言葉とつながって、連なって、文になることで意味を持ちます。さらに、他のどんな言葉と、どのようにつながるかによって、同じ言葉でもその意味合いやニュアンスは変わってきます。

さらに言葉がつながった文は、他の文とつながり合いながら展開し、文章というひとつの「意味の織物」のようになります。

こうした言葉や文のつながりや関係性をしっかりと見極め、そのなかで意味を的確に把握する力を、「文脈を読む力＝文脈力」といいます。

文章を書くときには、これまでに書いてきたことをふまえ(前)、論理的に先の展開へとつながるように（後）、という「前後関係」を考えながら書くことが大事になります。筋道が立っていない、唐突で論理的なつながりがない、前と後で意味が矛盾している——こうした脈絡のない文章では、意味が正しく伝わりません。

文章を読むときにも、これまでに書かれてきたことをふまえ、この先、どのようにつながって続いていくのか、という展開を推測しながら読む。前後関係を無視して一語一文を単体のまま読んでいても、書き手の真意を正しく汲み取れません。

例えば、

「彼の意見は適当だったと思う」

この一文における「適当」という言葉はどんな意味に捉えればいいでしょうか。

そもそも「適当」という言葉には「ふさわしい」「ぴったりの」「ちょうどよくあてはまる」などの他に、「いい加減」「雑」といった意味もあります。むしろ最近では後者の意味合いで使われることのほうが多いかもしれません。ただ、例に挙げたこの一文だけでは、この「適当」がどちらの意味で使われているのか判断がつきません。

もしこの例文の前にもう一行、

「彼はスマホのゲームに夢中で、こちらを見向きもせずに面倒くさそうに言った」

こちらがあればどうでしょう。ここでの「適当」は、どうやら「いい加減」という意味だろうと推測できます。

あるいは、例文の後にもう一行、

「私の周囲にいた人たちも、みな深くうなずいていた」

と続いていたら、ここでの「適当」は「ふさわしい」という意味で使われているに違いないと想像がつくでしょう。

単体では不明瞭だった「適当」という言葉の意味が、前後にある文との関係性＝文脈によって明確になったわけです。

このように、あいまいでわかりにくい文章であっても、前後との関係性を読むことで書き手の真意を理解することができます。文章を正しく読み書きする、とくに正しく読み解くために、文脈力は決して欠かすことができないスキルと言えるでしょう。

さらに読み書きだけでなく、話し言葉によるコミュニケーション（会話）でも同じように文脈力が求められます。

誰かが言ったことにしても、断片的な一言一句を聞いただけでは、何が真意なのかは判断できません。その前後の発言とのつながりを意識して聞くことで初めて、「本当に言わんとしている真意」を汲み取ることができるのです。

前後の文脈から切り離された言葉や文、発言を単体で取り出しても、正しい意味合いを理解することはできません。的確な理解のために重要なのは、周囲との関係性のなかでの「使われ方」なのです。

## 俯瞰して捉える力——「木だけを見ずに森を見る」という意識

最近、テレビの旅番組などでドローンによるロケ地の紹介や各地の絶景の空撮映像をよく目にします。空撮といえば、かつてはヘリコプターや小型飛行機を使うなど多額の費用がかかる撮影手法でしたが、ドローンの登場によってそのハードルが一気に下がりました。

ドローンを使った空撮では、今いる場所の周囲はどんな環境なのか、人家のまったくない山のなかなのか、実はすぐそばに海があるのか――そうしたことを俯瞰（ふかん）で確認できるというメリットがあります。

さらにドローンよりもっと高い視点で俯瞰するために、グーグルマップやグーグルアースなどの航空写真が使われることもあります。これならば、旅の目的地はどこにあって、自分たちは今現在どこにいて、全行程のどのくらいまで来ていて、あとどのくらいの距離が残っているのか。こうした旅の全体図を見渡すことも可能になります。

地図も見ず、何がどこにあるかもわからず、ただ行き当たりばったりで動き回るだけでは道に迷って、行きたかったスポットに行き着けない可能性もあります。目的地を見失うことなく旅行をするには、全体を俯瞰して見渡せる地図が不可欠なのです。

そしてそれは、長い文章を読み解くという〝旅〟にもあてはまります。

文の意味を的確に把握するために、文脈のなかでの意味を考えることが重要なのは先に述べたとおりです。ただ、個々の文を精読するのでは文脈は見えてきません。視点を高くして、その一文を含む文章全体を捉える必要があります。つまり、まずは文章全体を通読して、書かれている大まかな内容（大意）を把握するということ。

「木を見て森を見ず」というたとえがあるように、ひとつの言葉、文章の一部だけを取り出すだけでは大きな誤解を招きかねません。ものごとの本質を理解するには、「全体を俯瞰して見渡す」という視点が求められるのです。

## 複雑なものを要約する力——多様&過多な情報から本質を抽出する

複雑で小難しい書き方をしたほうが賢く思われる。文字数を多くして分量をできるだけ増やしたほうが内容的に優れているように思われる。理屈っぽく難解な言葉で表現したほうが知的に見える——。そんなふうに考えてしまう人が意外に多いようです。

しかし悲しいかな、ほとんどの場合、文章は難しく表現しようとすればするほど、賢く見えるどころか、「何が書いてあるのかわからない」意味不明な文になってしまいがちです。

とはいえ、人は大なり小なり、「賢くなりたい」「賢く見られたい」という願望を持っています。誰もが情報発信できる時代、世の中にはこうしたささやかな虚栄願望のもとに、「あえて難しく複雑に表現された」情報も少なくありません。

そんな状況では、情報を受け取る側のほうに「文章や話のポイントを、簡潔にまとめて理解する能力」、つまり「要約する力」が求められます。

要約力は、複雑な文章や情報を正しく読み解くために欠かせない非常に重要なスキルのひとつ。とくに評論文や新聞記事など、解釈が一義的であるべき情報系の文章は、簡潔に要約できることが正確な読解につながります。

例えばあなたが読み終えた本を見て、それに興味を持った友人が、「その本、何が書かれていたのか教えて？」と聞いてきたとしましょう。その答え方に、要約力の高い低いが表れます。

「おもしろかった」「つまらなかった」「いい本だから絶対に読んだほうがいいよ」といったあなた個人の感想や意見を述べても、それは要約にはなりません。感想を話しても、本の内容は伝わらないのです。

ではどうすれば本の内容を伝えられるか。二百数十ページにもわたって書かれているけれど、要するに何が言いたい本なのかを的確に表す力が試されます。

要約力がないと、本の最重要ポイントが見つけられずにダラダラと頭から説明しなければならず、長い時間を要してしまうでしょう。要約力がない人が複数集まれば、同じ本でも要約の内容がみな異なっているなんていうことも十分に起こり得ます。

要約力があれば、その本の本質をピックアップして伝えることができます。コメントの言い方や表現の仕方は異なったとしても、誰が読んでもほとんどが同じ最重要ポイントを抽出できるでしょう。

長い文章や冗長な表現、複雑な文章などは、個人的な感想や意見などを差し挟まず、簡潔に本質を取り出す。会話においても、人の話のいちばんのポイントをサッとつかんで端的に捉える。

周囲から「賢そう」「頭がよさそう」に見られるのは、小難しい文章を書く人ではなく、小難しい文章の要点を的確にピックアップできる要約力のある人なのです。

## 不要なものを切り捨てる力——抽出して本質以外は「断捨離」する

旅慣れている人かどうかは、「荷物の量」でわかるといいます。何度も旅をしている人は、していない人に比べて圧倒的に荷物が少ないのだとか。持っていくのは間違いなく使うものだけ。何か追加で必要になったら、現地で調達すればいいと考えるのだそうです。

お店やインターネットで探せば、定番から「こんなものもあったのか」と感心するようなお役立ちアイテムまで、実にさまざまなトラベルグッズが見つかります。そうした膨大なグッズのなかから、本当に必要なものだけを選び、あとはバッサリと切り捨てる。荷物を最小限にすることで効率のいい旅ができるのです。

以前、ある家電製品の機能についてコメントするという仕事を受けたことがあります。しかし諸事情があって準備時間がほとんど取れず、本番直前の10分くらいで取扱説明書やプレスリリースから情報を仕入れざるを得ませんでした。

そのため、多彩な機能が書かれた取扱説明書をざっと読んで、「この機能はもっとも重要、これはサブ的で重要ではない」とすばやく見分けなければいけなくなりました。

説明書にざっくり目を通しながら見出しや重要と思われるキーワードにカラーペンで印をつけ、もう一度最初から、今度はチェックした部分だけに目を通す。すると不要な箇所が削ぎ落とされ、重要な箇所だけが浮かび上がってきます。こうすることで、その家電製品の重要な機能を端的に把握でき、本番でも事なきを得ました。

今の世の中は、情報の相対的な量が多すぎる上に、それらが玉石混淆（ぎょくせきこんこう）という問題を抱えています。だからこそ、複雑でたくさんの情報から要点だけを抽出する。膨大な情報を〝ふるい〟にかけて本質部分だけを抽出し、不要な部分は取り除く。そうした情報の「要約力」と「断捨離力」が不可欠です。

テレビ番組の収録では、ロケ先で何時間もカメラを回して撮影し、それを5分のコーナーにまとめるといった作業が常に行われています。そのため、オンエアでは「あんなにカメラ回して、使ったのは5分だけ」「ほとんどカットされました」といったコメントもよく耳にします。

こうした編集作業も、必要な部分を取り出して、不要なシーンはカットするという情報の「要約&断捨離」です。さらに本章冒頭で述べたように、読解力の基本が「ボールをバットの芯で捉える」感覚であるなら、要約力とはボールのコースを見極める〝選球眼〟にあたるスキルとも言えるでしょう。

## 読解力を底支えする語彙力――言葉を知らなきゃ、文章の意味もわからない

私はこれまでに『大人の語彙力ノート』(SBクリエイティブ)、『語彙力こそが教養である』(KADOKAWA)などの書籍で、語彙を多く持つことの必要性と大切さを訴えてきました。

「語彙力」とは、たくさんの言葉の意味を知っていること、その言葉を文脈のなかで使いこなす力のこと。言葉をたくさん知っていれば、それだけ豊かな表現ができます。コミュニケーションも円滑になり、その際に「知性」や「教養」を感じさせる武器になります。

また、語彙力は表現するためだけでなく、理解するためにも不可欠です。言葉の意味がわからなければ、言葉を使って成り立っている文章の意味を理解できないのは至極当然のこと。文章が単語（言葉）の集合体である以上、語彙力は読解力と切り離して考えることはできません。

文章を読んでいて、途中でわからない言葉に出くわしても、そこまでの文の流れや前後の文脈から「こんな意味じゃないかな」とある程度想像することは可能です。しかし、わからない言葉だらけでは、文脈としてのつながりさえも理解できず、ひいては文章自体を理解できなくなる――語彙力の欠如によってこうした事態が起こり得るのです。

話し言葉にも同じことが言えます。会話のなかから相手の言わんとする真意や意図を察知するには、何よりもまず、その人が発する言葉の意味を理解できていることが大前提になります。

「語彙力の欠如は読解力を低下させる要因となります」という一文を聞いたとき、「語彙力」「欠如」「読解力」「要因」といった言葉の意味が頭に入っていなければ、文章の意味が伝わってきません。まだそこまでの語彙を蓄えていない小学生ならばいざ知らず、もう〝いい歳の大人〟が首を傾げているようでは社会人としての資質を疑われてしまうこともあるでしょう。

仲間うちでのメールやSNSのやり取り、友だち同士での気軽な雑談などでは、難しい言葉を知らなくてもたいして困らないかもしれません。しかし社会に出たら、最低限の教養としての語彙力がなければ、大人としてのコミュニケーションは図れません。

貧弱なボキャブラリーでは、自分の意思や感情を的確に伝えられないだけでなく、相手の言うことも、資料や企画書などのビジネス文書も、新聞記事も契約書も、その意味を正しく理解することが困難になります。

文章や言葉の真意を見極めるのも、複雑な文章を要約するのも、文脈のつながりを意識するのも、すべては言葉の意味を理解できて初めて可能になること。語彙力という教養が、読解力を底支えする基盤になるのです。

## 2　真意を推し量る

### 行間を読む力——表現されていない〝言外の意図〟を推し量る

言葉や文章で直接的には表現されていない真意や心情を感じ取ることを「行間を読む」

と言います。書き手や話し手による表現の省略を、読み手側や聞き手側が補って理解すること、ともいえるでしょう。

行間を読むことの例として私はよく、詩人のまど・みちおさんが手がけた有名な童謡『ぞうさん』を挙げます。

ぞうさん
ぞうさん
おはなが　ながいのね
そうよ
かあさんも　ながいのよ

鼻の長さを指摘された子ゾウが、「自分だけでなく、お母さんも長い」と答えた——。書かれている文章のみに目を向ければ、読み取れる状況はこれだけです。

しかし極限まで削ぎ落とされた、わずか数行の短い詩には、作者であるまど・みちおさんが伝えたかった〝文章では書かれていない真意〟が隠されています。

子ゾウに向けられた「あなたってお鼻が長いんだね」という言葉は、いわば身体的な特徴をからかった意地悪な悪口。しかし当の子ゾウはそれを意地悪とも思わず、むしろ嬉しそうに「そうよ。お母さんだって長いのよ」と答えています。

その誇らしげな子ゾウの姿には、「自分の身体的特徴を何ものにも代えがたい大切な個性と捉え、自分が自分であることに自信を持って生きることは素晴らしい」という思いが込められている。まど・みちおさんご本人がそのように語られています。

言葉では表現されずに「行と行の間」に織り込まれている真意を読み解く。

書かれている文章だけで理解しようとするのではなく、その描写の裏に何があるのか、本当は何を言おうとしているのかを常に想像しながら読む。これが行間を読むということです。

当然ながら、行間を読み解くためには「書かれている文章」の前後関係やつながりといった文脈を把握すること、全体を俯瞰で捉えることが不可欠になります。まず目に見えている文章を的確に理解する。その土台があって初めて、行と行の間に内包された真意を洞察することも可能になります。

書かれている文章を手掛かりにして、書かれていないことを探り出す。それが行間を読むことであり、文章読解の総合力、本当の意味での「読解力」といえるでしょう。

行間を読む力は、コミュニケーションにおいても重要です。「言葉にする」ことが重要で、言いたいことは明確に言い表さなければ伝わらないとする欧米的な文化と違い、日本では「そこは言わなくてもわかるよね」「言う前に察して」などと、あえて言葉を省略する傾向がよく見られます。

例えば『源氏物語』のなかの会話でも、主語や目的語が省略されているので、翻訳されるときは、それらが補われます。

そうした日本型のコミュニケーション文化のもとでは、よりいっそう、相手が発した言葉と言葉の間に織り込まれた「言葉にしていない真意」を読解する力が求められます。

「あの人、こう言ったあとにこう言ったんだから、きっとこういう意味だろうな」と、相手の言葉の行間を読み取れる人が、イコール「人の気持ちがわかる人」になるのです。

## 恋愛は「感情を推し量る力」を鍛えるトレーニング

あの人は本心では私のことをどう思っているのか。恋愛の対象なのか、ただの友だちなのか。相手の真意がつかめない。だから不安になるし、自信が持てない――。コミュニケーションにおける読解を語る上で、いつの時代も変わらない超普遍的なテーマとなるのが恋愛です。

恋愛における悩みや不安、感情の行き違いなどは、その多くが二人の、もしくはどちらかの読解力不足によって引き起こされるといっていいでしょう。「考えてみれば、あのとき『好き』のサインが出てたかも。なのにそれをスルーして勝手に『気がない』と思い込んでた。ああ、もったいない」といった失敗談も耳にします。

とくにテレビや映画の恋愛ドラマは、心が読めずにすれ違う男女が、次第に互いの気持ちに気づいて心の距離を縮めていく感情読解のプロセスがいちばんの見どころ、盛り上がるポイントになります。

恋愛ドラマが若い人たちの独壇場なのも、若さゆえの自己中心的な感情の読み違いがドラマチックな展開の必須ファクターになっているからでしょう。これが年齢を重ねた大人同士だと、お互いに読解力が備わっているため、互いの気持ちが容易に想像できて、ドラマとしてはやや物足りないわけです。

〝恋愛の神様〟の北川悦吏子さん脚本で人気を集めたNHKの朝ドラ『半分、青い。』でも、若さゆえの心の読み違いがこれでもかというくらいに描かれていました。

幼なじみでずっと近くにいたのに、互いに思いを伝えられない永野芽郁さん演じるヒロインの鈴愛（すずめ）と、佐藤健さん演じる律の二人。律に恋人ができても、鈴愛は自分の本当の気持ちを押し隠し、律がやっと勇気をふりしぼってプロポーズしたのに、「ごめん、無理」と断わってしまう。律は「振られた」と思い込み、他の人と結婚してしまう――。「律の勇気を読み取ってあげなきゃ」「鈴愛は仕事で頭がいっぱいなだけ。『無理』って言ってもそれは本心じゃないんだってば」――二人の若者の、気持ちを読めないがゆえのすれ違いの展開に、身悶えしながら見ていた人も多かったはずです。

互いに読解力がない、気持ちを読み切れない。それがドラマになります。ただ、ドラマならばいいのですが、現実世界の恋愛の場合、そこまでドラマチックにすれ違っていると、それはもう大変です。

確かに、相手の心がすべて見通せてしまったら、それはそれでつまらない。心が読めずにやきもきするのも恋愛の醍醐味という考え方もあります。とはいえ、相手の気持ちを読み解いて、できるだけすれ違いを回避したほうが恋愛は楽しいでしょう。

相手の言葉や態度や表情から、「気があるサイン」や「好意のシグナル」をキャッチできるか。もしくは「お友だちでいようサイン」や「その気なしシグナル」を読み取れるか。

自分だけの思い込み、自己中心的な解釈だけでは、恋愛は成就しません。

若くして的確な感情読解力を持ち合わせている人もいますが、多くの人は実際の経験を通じて身につけていくもの。恋愛は人を成長させると言われるのは、恋をすることで、相手の感情が表出したサインやシグナルを読み解く力が鍛えられるからなのです。

## 場の空気を読む力――暗黙のルールを察知して、取るべき行動を考える

ビジネスやプライベートを問わず、大人として社会人として、読解しなければいけないものに「場の空気」があります。

「場の空気」とは言わば、その場の目的や置かれている状況、そこにいる人たちの関係性などに合わせて醸成される暗黙のルールのようなもの。そのルールに従って、自分は何をするべきか、何をしてはいけないのかを考えることが「空気を読む」であり、ルールに反する言動は、一時流行した「KY（空気が読めない）」になります。つまり「空気を読む力」とは、「場の状況を推察し、判断する力」のことを指すのです。

会議でみんなが真面目にディスカッションしているのに、能天気なジョークを連発する

――。これは、真剣に話している場ではジョークや軽口は控えるという暗黙のルールが読めないからこそ起きてしまうKY。

上司は「オレのおごり」と言ってくれたけれど、一応は気を遣ってみんな控えめに飲んでいるのに、ひとりだけ高い酒ばかり注文する――。これは、上司も余裕がなさそうだから安めの酒にしておこうというみんなの気遣いを読み解けていないKY。

仕事でミスをして落ち込んでいる後輩をみんなで励ましているのに、同じようなミスをして解雇になった知人の話をする――。これは、励ますという目的を見失ったことによるKY。

場の状況や集団の動向、暗黙のルールなどお構いなしに、思ったことをストレートに口に出し、そのまま行動に移す。「空気が読めない＝場の空気の読解力が低い」言動の多くは、自己中心的な思考や発想によって引き起こされます。

要するに、空気が読めない人は、「子ども」だということ。

髪の毛が薄い男性を見て、「おじさん、どうしておでこが光ってるの？」、飲食店で食事をしているときに大きな声で「これ、ママがつくったほうがおいしいね」――。子どもというのは、人が気にしていそうなこと、失礼に当たるようなことでも、無邪気に口にしてしまうものです。一緒にいる大人は真っ青になるのですが、子どもは平然としたもの。

幼いうちは、「今ここでそんなことを言ったら相手がどう思うか」という場の空気の読解力が不足しているから、そうしたことが起きます。読解できていないだけで悪意はない。それゆえ無邪気さは「子どもらしさ、かわいらしさ」でもあるのです。

でも、大人がそれをやってしまうと、それはただの「空気が読めない自己中な人」にしかなりません。

スイスの心理学者ジャン・ピアジェは、人の認知機能は年代によって4つの段階があるという「認知発達段階説」を提唱しました。それによると、2～7歳の子どもは「世界を主観的な視点からしか見ることができない」自己中心性が特徴であり、年齢を重ねるにつれて自己中心性から脱却し、相手の立場に立った考え方ができるようになるのだということです。

子どもが自己中心的なのは、ある程度は当然のこと。自己中心の見方から他者中心の見方に変わっていくことが成長であり、成熟なのです。

〝いい歳の大人〟になってからも、自己中で空気を読めない言動ばかりしている人は、年齢を重ねただけで、認知段階としてはまだ「子どものまま」といえるのかもしれません。

場の状況に合わせた振る舞いができる。場の空気を読解できる。それは、真っ当な大人の証でもあるのです。

第二章

# 会話読解力と情報読解力

## 1　人間関係を支える「会話読解力」

### 読解力とは言葉のナイフを、ケガをせずに受け取るスキル

「言葉は刃物なんだ。使い方を間違えると厄介な凶器になる。言葉のすれ違いで一生の友だちを失うこともある。一度すれ違ったら二度と会えなくなっちまうかもしれないんだ」

これは、人気アニメ『名探偵コナン』のある作品で、同じ少年探偵団の仲間同士が口ゲンカを始めたとき、止めに入ったコナン（工藤新一）が言った言葉です。

コナン君が言うように、言葉は「ナイフのようなもの」としばしば形容されます。上手に使えば便利で役に立つけれど、使い方を誤れば人を傷つけ、自分だってケガをすることもあると。言葉は人類最大の発明でありながら、人類だけが持つ危険な凶器でもあるのです。

ナイフを人に手渡すときは、自分のほうに刃を向けて、相手には柄の側を差し出すのがルールです。むき出しの刃を突き出せば、相手がケガをする恐れがあるからです。

さらに、ナイフを受け取る側にも守るべきルールがあります。それは「相手が刃のほう

を持っている」のをしっかり確認するということ。よく見もせずにいきなり手でつかんだり、慌てて引っ手繰ったりすると、刃が自分に向いていたら自分が、相手に向いていたら相手が、手を切ってしまいます。

こうしたルールは「言葉のやり取り」にもあてはまります。会話で互いがケガをしない（誤解やトラブルにならない）ように、お互いが「言葉の渡し方、受け取り方」に留意する必要があるのです。

私が感じているのは、言葉のナイフに関しては、「受け取る側」の注意不足、意識の欠如によってケガをするケースが増えているのではないかということです。

相手が言った（書いた）言葉の真意を熟考することもせず、その断片だけを捉えて理解した気になってしまうのは、差し出されたナイフを、刃の向きも考えずに引っ手繰るような危ない行為といえます。

言葉を発信する側が真意をわかりやすく伝えるのはもちろんですが、言葉を受け取る側も相手の真意に意識を向けなければ、やはりケガをしてしまいます。

ブログやフェイスブック、ツイッター、インスタグラムといったＳＮＳによって、誰もがいつでも思うがままに、言いたいことを発信できる時代になりました。それはコナン君の言葉を借りれば、誰もが「言葉という刃物（ナイフ）を持ち歩ける」時代になったということでもあります。

言葉というナイフをツールとして有効活用できるのか、それとも凶器にして誰かを傷つけてしまうのか。言葉の扱いはよりいっそう難しくなってきています。

相手にケガをさせないように渡し方に気を配るのは当然のことなのですが、自分が受け取る側に立ったとき、すべての人が自分に柄を向けてナイフを渡してくれるとは限りません。そう考えれば、相手が渡してきた言葉を、いかにケガをしないように、誤解しないように、慎重に受け取れるかが大切になってきます。安全な受け取り方を身につけることで、安全な手渡し方にも自然に意識が及ぶようになるはずです。

差し出された言葉のナイフを、ケガをせずに受け取るスキル――これが、現代社会のコミュニケーションで求められる「読解力」なのです。

## 論理性が不完全な「話し言葉」でこそ読解力が試される

読解力といえば国語の授業で勉強する「文章を読んで本質や真意を理解する力」という捉え方が一般的です。ただ大人になって社会に出ると、読解すべき対象は日常会話やビジネストークといった「話し言葉」にまで広がり、その比重が大きくなっていきます。話し言葉を読解する力は、円滑で誤解のないコミュニケーションを構築するために欠かせない社会人としての必須スキルともいえます。

第一章でも述べましたが、文章の正しい読解では、言葉や文を単体で捉えるのではなく、前後やさらに広い範囲における「文脈」のつながりを把握することが重要になります。そしてそれは、話し言葉を読解する際にも重要なアプローチとなります。

ただ問題は、書かれた文章と比べると「話し言葉による会話」のほうが、文脈の把握がより難しいということです。

書かれた文章の場合、文字を見ながら前後の関係性を検討できるため文脈が捉えやすいのですが、話し言葉による会話となると事情が違ってきます。相手の口から発せられた言葉は基本的に一回性のもの。意図的に録音したりメモを取ったりしていなければ、文字として残されずに流れていってしまうからです。

また会話には、話の内容がバラバラに散らばりやすく、しかも脱線しやすいという面もあります。「まったく違う話をしてもいい?」「話は全然変わるんだけど――」などと言われて突然、文脈を無視して話題が大きく飛んでしまうこともあります。

例えば、話題が大きく飛んで、「あれ、何からこの話になったんだっけ?」という状態になったとき、流れていってしまった前の話題にさかのぼって、「ほら、○○さんが言ってた△△したっていう話からだよ」と、今現在の話への分岐点を指摘できるかどうか。こうしたところで、会話における文脈を把握する「文脈力」があるかどうかがわかります。

さらに話し言葉では、主語や目的語、助詞など言葉や文の一部が省略されることが多い、言葉の順序が入れ替わった倒置表現が多いなど、文法の不整合も多く見られます。

つまり、話し言葉は、それだけ「論理性」において不完全だということ。

例えば、あなたが「今日、仕事帰りに軽く飲みに行かない?」と同僚を誘ったら、「今夜は残業で、明日の朝も早いんだよ」と言われました。同僚は、誘いへの論理的な答えである「行ける」か「行けない」について、明確には言及していません。でも、その「残業がある(だからまだ会社を出られない)」「明日朝が早い(だから早く帰りたい)」という文脈から、「今夜は飲みに行けない」のだと推察できます。

話し言葉の真意を的確に理解するには、不完全な論理性のなかで文脈のつながりを考え、推測しながら話し手の真意を外さずに捉えなければなりません。

基本的に一回性で、論理的には不完全。そんなライブな話し言葉で構成されている会話によるコミュニケーションでこそ、その人の読解力は試されるといえます。

## ジョークで笑える人、ジョークを真に受ける人

コミュニケーションの場で求められる重要な読解力のひとつが「ジョークを理解する力」です。

相手や周囲の人たちを笑わせたり楽しませたりするために、わざとふざけたり、間違えたり、逆説的なことを言ったり、架空の話をしたりするのがジョーク。ですから、表面だけを捉えれば「なんて常識外れな」と思われるような話でも、話す側がそれを笑いに変えようとわざと言っているのだと理解できれば、その常識外れには何ら問題がないわけです。

ところが、誰が聞いても「ジョークでしょ」「冗談でしょ」とわかる話なのに、それをまともに受け止めてしまう、つまり真に受けてしまう人がいます。

「赤信号みんなで渡れば怖くない」
「寝る前にちゃんとしめよう親の首」

ビートたけしさんがかつてツービートとして漫才をしていた頃に流行らせ、一世を風靡した伝説的なギャグです。

たけしさんが社会的にタブー視されていること、不謹慎とされていることをあえて言葉にして、それを相方のきよしさんが「よしなさい」「やめなさい」とツッコんで諫める。誰もが心の奥底に持っているほんのちょっとの〝悪意〟を拡大表現して代弁することで笑いを誘う。こうしたブラックジョークのスタイルで、ツービートは一躍人気者になりました。

この不謹慎なブラックジョークが世の中から絶大な支持を受けたのは、それを聞く側の人たちがみな、「確かにみんなで渡れば怖くないよな」「じゃあ、私も親の首をしめよう」などとは本気で思っていなかったからこそです。つまり、「冗談で言っているんだよ」という発信側の真意を、きちんと読み取れていたからです。

もし、このギャグを聞いて「赤信号なんだからひとりでも集団でも渡っちゃダメだろ」「親の首をしめるなんてとんでもない。犯罪じゃないか」と真に受けてしまうようでは、その人は決定的に読解力が欠如しているということになります。

日常会話でも同じで、「相手を笑わせよう」という話し手の真意を読み取って、真に受けずにみんなで一緒に笑い合うことで、ジョークやユーモアは成立します。つまり、ジョークを聞いて笑うという行為は、「あなたの話したいことをちゃんと理解できていますよ」という意思表示でもあるのです。

私は受講無料の講演会などでお話をさせていただく機会も多いのですが、そんなとき講演の冒頭で、「今日はお忙しいなか、そして〝高額な受講料にもかかわらず〟足をお運びいただきありがとうございます」といったあいさつをすることがあります。もちろん受講料が無料だとわかっていて、わざと「高額な――」とジョークを言うわけです。

ほとんどの場合は会場が笑い声に包まれ、「あ、そうだ。みなさん今日はタダでしたね」という私のひと言で、さらに笑いが起きて一気に場が和みます。こうしたやり取りによって、その講演会がリラックスした雰囲気のいい時間になるのです。

ところがたまに、そうしたジョークを言っても水を打ったようにシーンと静まり返ったままということがあります。そんなときは「いやいや、今、笑うところですよ」と付け足して言わなければいけなくなります。こういうときがいちばん困ってしまうんですね。

静まり返る理由は、だいたい次の3つでしょう。ひとつはジョークを真に受けて「この人は、今日の講演は無料なのを知らないのか」と怪訝に思っている。2つめは「ジョークにしてはつまらないから笑わない」とスルーされている。そして3つめは「講演で笑うのは失礼」だと考えて真面目に聞いている。そして、これら3つの理由すべてに共通しているのが読解力の欠如なのです。

まず、真に受けているのならば、これは本気ではなくてジョークなのだと理解できていないことになります。

そして、ジョークであることは理解できているけれど、おもしろくないから笑わない、失礼だから笑わないというのもまた、話し手である私の真意を読み取れていないがゆえの行為といえるでしょう。なぜなら「場を和ませるためにジョークを言っている」ということちらの真意に対しては、それに応えて「笑う」ことが、ひとつの社会的な礼儀になるからです。

この場合、ジョークがおもしろいかどうかは関係ありません。もちろんそれが大爆笑できるクオリティの高いジョークならばそれに越したことはないのですが、ここで大事なのはジョークに反応して「あなたがなぜジョークを言ったのか、その理由を私たちは理解していますよ」と意思表示をすることなのです。

ジョークを言う人は、大なり小なり「ウケないかもしれない」「スベったらどうしよう」というリスクを冒しています。

　ジョークを言っても笑いが起きなかった場合、その責任は、おもしろくないことを言った本人にあると考えるのが普通です。しかし、おもしろくないジョークでも聞き手が笑ってくれれば、それは「ウケるおもしろいジョーク」になります。話し手のリスクも解消されて、その場も和むでしょう。

　逆に、おもしろいジョークであっても聞き手が無反応ならば、それは結果として「スベったジョーク」になってしまいます。しかも話し手がすべてのリスクを負うことになります。つまりジョークが「ウケたのか、スベったのか」を決めているのは、話し手ではなく聞き手だということです。聞き手の反応が話し手の不安やリスクの行方を左右しているのです。

　私の講演でのあいさつに話を戻せば、ジョークを聞いて「つまらないから笑わない」「真面目だから笑わない」といった無反応は、その場を気づまりにするマイナスの結果しか生みません。自分は無料で来ているのに「高額な受講料」と言われた段階で、「これはジョークなんだ」と察するのが読解力ならば、さらに私の真意を察して「笑う」という反応をするのもまた大人の読解力なのです。

私たちは「ウケる話」を仕事にしているお笑い芸人ではありません。日常生活における「場を和ませるため」に発せられたジョークには、その真意を読み取って的確なタイミングで笑うことで応える。それが気持ちのいいコミュニケーションを生むのです。

## 知識や常識、教養の「共有」があって、ジョークが成立する

「ジョークを真に受けず、理解して笑う」ためには、ある程度の知識や教養が必要になります。とくに一般常識や文化的知識、世の中の出来事や時事問題などをベースにしたジョークの場合、その元ネタを知らなければ真に受けるどころか、ジョーク自体が成り立ちません。

例えば、飲みに行こうと誘った友人に「飲みに行くべきか帰るべきか、それが問題だ」と言われたとしましょう。

そのひと言は、あなたが『ハムレット』に出てくるセリフくらい知っているだろうと思って、友人が振ってきたジョークです。そして、あなたにその知識があれば、「おいおい、ハムレットの心境とは大げさな――」となって笑いが生まれ、ジョークは成立します。

ところが、それが『ハムレット』の引用だとわからなければ、「何それ?」となるだけ。

友人のジョークは笑いに変わらないままスルーされてしまうでしょう。

「さっき食べたのに、また食べるの？　それも大盛りで？　大丈夫か？」

「平気、平気。『食い過ぎ罪という罪はない』んだから」

こんなジョークの返しも、元ネタである「セクハラ罪という罪はない」という麻生太郎副総理兼財務相の発言を知らない人に言ったところでスルーされるだけ。知っている人が聞くから、「麻生さんじゃないんだから」という笑いにつながります。

ジョークというのは、言う人と聞く人の間に一般的な知識や常識、教養の「共有」という前提があってこそ成立するものです。年配の人が若い人に向かって昔のギャグを言ってもシラケたりスベったりする。逆に年配の人が若者からウケるギャグやジョークを聞いても「？」となって笑えない。こうした笑いの世代間ギャップも、元ネタを共有できていないことに一因があるといえます。

「これ、当然知ってますよね？」という前提を踏まえて発せられたジョークは、「もちろん知ってますよ」という受けがあって初めて笑いとして結実するのです。

だからこそ本を読む、ニュースをチェックする、映画を観る、アートに触れる――常にアンテナを張り巡らしてさまざまな知識や教養をストックすることが大事です。他者との

「知」の共有点、他者とつながる「知」のフックを増やしていくことが、ジョークやユーモアの理解につながります。

## 読解力という「違和感センサー」がハラスメントを防ぐ

昨今、社会生活のあらゆるシーンで、パワハラやセクハラといったハラスメント問題が取り沙汰されています。ハラスメント行為に対する社会の目は、今後もよりいっそう厳しくなっていくでしょう。

パワハラ・セクハラ問題を考えるときにもっとも難しいのが、ハラスメントとそうでない行為の「線引き」だと思います。

「お疲れさん」という気持ちで女性社員の肩をポンポンと軽く叩いたら「それってセクハラになりますよ」と言われた。仕事に身が入っていない部下を少し厳しく叱ったら「パワハラだ」と責められた——こうした話をよく聞きます。

やっている側は普通のコミュニケーションのつもりでも、相手を思っての指導のつもりでも、相手はそう受け止めていない。ならば異性の社員とどう接したらいいのか。どうやって指導すればいいのか。どんな行為がセクハラになるのか、パワハラに当たるのか。とくに部下を持つビジネスパーソンの多くが頭を悩ませているのではないでしょうか。

この線引きについては、「受けた側が『これはセクハラだ』『これはパワハラだ』と感じるか感じないかが基準」という考え方が主流になっています。そうであるならば、ここにも読解力の欠如が大きく関わっているといえるでしょう。なぜなら言葉や表情、態度や反応の仕方などから、心のなかで感じている「イヤだ」「困ったな」という真意を読み取ることができるかどうかが重要になるからです。

自分の言動を、相手が「セクハラだと受け止めるかもしれないな」「イヤだと思われそうだな」と感じ取れれば、事前に避けることができます。いつもの話し方や表情と違う、反応が普段とは違うという「違和感」を敏感に読み取る、いわば「違和感センサー」としての読解力を働かせることで、〝そんなつもりはないのにハラスメント〟という落とし穴を回避できるのです。

直接的な言葉や態度には出しにくいけれど、嫌だと思っている。相手のその心理を読解することが、ハラスメント防止には非常に重要だということです。

心理を読むといっても、心理学者やメンタリストの域を目指す必要はありません。心理学を学ばなくても、私たちには十分、相手の「快不快」を読み取る能力が備わっています。

それが共感能力です。

イギリスの哲学者アダム・スミスは『道徳感情論』という著書のなかで、「社会秩序の基本となるのは人間の共感能力だ」と述べています。

自分の行為を相手はどう思うか、周囲の人はどう感じるか、社会の人々はどう見るか。それを考えることが「共感」であり、人間はその能力を持っている。それゆえに、たとえ法律に違反していなくても一般的な他者が「よくない」「ひどい」と感じるような行為はするべきではない。アダム・スミスはそう言っているのです。

自分という個人的な存在でありながら、同時に一般的な他者や社会は自分をどう見るかというパブリックな感性も併せ持つ。自分の行為を見て他者が感じるであろう真意を読み取る。アダム・スミスの言う「社会秩序の基本となる共感能力」とは、他者の心の内を慮(おもんぱか)る読解力のことでもあるのです。

ビジネスパーソンが悩み、不安に感じる〝そんなつもりはないのにハラスメント〟の回避を可能にするのも、相手の表に出さない「イヤだ」に共感するという読解力があってこそ。それを感じ取れない鈍感さは、現代社会では致命傷になりかねません。

## 会話は卓球のごとし。言葉にかけられた「回転」を読み解く

みなさんは卓球をやった経験がありますか。私は学生時代に少し〝かじった〟程度なのですが、卓球が上達するためには、サービスやラリーなどさまざまな状況でボールにかけられる「回転」への対応が大きなカギになるといわれています。

この回転を読み違えると思わぬ方向にバウンドしたボールをレシーブし損ねてミスになり、失点につながってしまうんですね。

私は、会話によるコミュニケーションは卓球のラリーのようなものだと考えています。なぜなら人が話す言葉には、常にさまざまな「回転」がかかっているからです。とくに日本人には、何かにつけて言葉に回転をかける傾向が強く見られます。

わかりやすい例を挙げるなら、「謙遜」という回転がいいでしょう。

みなさんの周囲に「〇〇さんって仕事が速いですね」「さすが、上手ですね」などとほめたり評価したりしても、「いやいや、私なんかミスしてばかりですよ」「とんでもない。私なんてまだまだ下手くそで」と何でも全力で否定する人がいませんか。

そういう人は、その否定を真に受けて「確かにミスは多いですよね」「まあ、普段はたいしたことないか」などと同調すると、途端に機嫌が悪くなってしまうわけです。

そうなってから「しまった、『そんなことない』って言ってほしかったのか」と気づいても、もう後の祭り——。「私なんて」にかけられた謙遜という回転を読み違えてストレートに打ち返したら、ネットに引っ掛かって場の空気が悪くなった。そんな経験をお持ちの方は多いのではないでしょうか。

同様に、「最近、お肌の張りがなくなってイヤになっちゃう」などと話してくる女性に対しては、その回転を読んで、「そんなことないよ。すごくキレイじゃないですか」と返すのが正しいレシーブ（礼儀）になります。ところが回転が読めない人だと、「確かに、20代のようにはいきませんよね」などとストレートに返してしまい、結果、機嫌を損ねてしまったりするわけです。

ひとつのものごとに対して同時に相反する感情を抱くことを意味する「アンビバレント（両義的）」という言葉があります。本当はほめてほしいのに、その気持ちとは相反して自分を卑下してしまう。本当は嬉しいのに、そっけないことを言ってしまう——。人には誰しも、こうしたアンビバレントな心理傾向があるのです。

さらに、セルフ・ハンディキャッピングという心理学における「自己防衛行動」も言葉にかける回転を生む原因のひとつになります。

セルフ・ハンディキャッピングとは、失敗したときに自分のプライドが傷つかないように、事前に自分への言い訳を用意しておくという行為のこと。テスト前の「全然勉強していない」、試合前の「今日は体調が悪い」といった言動は、まさにセルフ・ハンディキャッピングによってかけられた回転と言っていいでしょう。

さらに、大人同士の会話ゆえにストレートに表現せず、あえて「オブラートに包んだ言い方」をするというケースも多く見られます。

例えば隣家のピアノの音を注意したいとき、ストレートに「静かにして」ではなく、「あの上手なピアノはお嬢さん？　最近よく聞こえてくるんですよ（だから音量と時間は考えてくださいね）」といった言い方をすれば角が立ちにくくなります。真意をオブラートに包み、耳触りをよくする回転をかけて「ほめながら、実は注意する」という表現をするわけです。

アンビバレント、セルフ・ハンディキャッピング、オブラート――こうした言葉の回転を読み違えず、そこから真意を拾い上げてレシーブ＆リターンする。これが大人のコミュニケーションに求められる「読解力」なのです。

余談になりますが、犬が好きで自宅で飼っているという方も多いと思います。私も子どもの頃からの愛犬家なのですが、多くの人がペットとして犬を愛して止まないのは、その表現に「回転がかかっていない」からではないかと思っています。

犬はいつでも自分の感情を全身で素直に表現します。犬も鳴き声や表情、動きといった「言葉」を発しますが、そこには回転も表裏もありません。嬉しいときは「嬉しい」、怒っているときは「怒っている」と、そのままの感情を彼らなりの表現でストレートに伝えてきます。それゆえ、犬の言葉は誤解のしようがないのです。

面倒くさい人間関係に気疲れしたときに犬と遊ぶと心が癒されるのは、表現の回転を読まなくてもいいという安心感によるものなのかもしれません。

## 言葉にかけられた「補正」を察知し、その真意を慮る

会話において誤解が生じる大きな原因となり得るのが「遠回しな表現」「婉曲的な言い回し」の解釈の取り違えです。これはとくに日本人によく見られる傾向にあります。

「イエスならイエス」「できないならできない」「好きなら好き」と、むき出しの言葉で相手に真意を伝える欧米流のコミュニケーションと違い、日本には「言葉の裏に隠された真

意」を読み取りながらやり取りするという文化が根強く残っているからです。

象徴的な例としてよく挙げられるのが、「京都のぶぶ漬け（お茶漬け）」です。京都の人のお宅を訪問したときに、「ぶぶ漬けでもどうですか？」と言われたら、それは「もう帰ってください」の意味。真に受けて「ご馳走になります」などと答えて待っていようものなら「無粋な人」と失笑されるというもの。あくまで〝都市伝説〟的なもので事の真偽はわかりませんが、京都人の気質を表すエピソードのひとつとして知られています。

そして、ここまで極端ではないにしろ、私たちの日常会話にも、そのままストレートに受け取ってしまうと真意が伝わらない婉曲的な表現が少なくありません。

子どもは思ったことをそのままストレートに表現しますが（それが子どもらしさでもあるのですが）、大人同士のコミュニケーションでは、言葉や表現に何かしらの「意図的な補正」が施されていることがよくあります。

遠回しだったり、オブラートに包んだり、お世辞だったり、謙遜したり――。そこにはストレートな言葉をぶつけたときの衝撃を和らげようという日本人ならではの、そして大人ならではの気遣いが存在しているのです。それゆえに、聞き手になったときには相手の言葉にかけられた補正を読み解き、その奥にある相手の真意を慮った上で、適切な対応をすることが求められます。

女性とデートしているとき、「今日は新しい靴なのよ」と言われたら、「あーそうなんだ」では不十分。靴をほめるのは絶対必要。その上で、靴をほめるだけでなく、その裏にある真意を「ということは、足が痛いからゆっくり歩いてほしいのかな」と想像して歩調を緩められるかどうか。

「おなか空いてない?」と聞かれたら、自分は空いていなくても、女性からの「私はおなかが空いたんだけど」という意思表示かもしれないと慮れるかどうか。

前述の例のように、マンションのお隣さんに、「お嬢さん、ピアノが上手になられましたね」とほめられたら、正直に喜ぶ一方で、ひょっとしたら相手には「でも、音量には気を遣ってほしい」という意図があるかもしれないと想像して、練習時間や音量に改めて気を向けられるかどうか。

先ほどの「ぶぶ漬け」にしても、「本音を言わない京都人の気質」というよりは、露骨に「早く帰って」と匂わせて客に不快な思いをさせないための、京都人ならではの気遣いと捉えるべきかもしれません。そして、その婉曲表現から真意を読み解き、「もしかしたら長居し過ぎたかもしれない」と自省できるのが「大人」の振る舞いではないかと思えるのです。

何でもかんでも懐疑的になる必要はないのですが、場の状況によっては言葉に補正がかけられている可能性があることを意識しながらやり取りできる。これもまた、コミュニケーションにおける「大人の読解力」なのです。

## 読み解けないからすぐキレる――読解力は感情の暴走を抑制するブレーキ

読解力が欠如している人は他者の言葉を曲解しがちで、他者の言葉を曲解しがちな人には、〝キレやすい〟傾向が見られます。

あくまでも「ひとつの例」として持ち出した一般論なのに、それを「自分への批判や非難」だと曲解してキレる。

心配してかけてくれた言葉を、嫌味だと曲解してキレる。

親切や気遣いをおせっかいだと曲解してキレる。

最後まで話を聞かず、話の一端だけで勝手に解釈して激昂する。

相手の意図を理解せずに勝手に否定的感情をくっつけて、勝手に怒りに昇華させる。

自分の主観だけで勝手に意味を決めつけ、しかもそれが正しいと思い込んで冷静な思考ができなくなる。

他人の言葉に過剰反応してすぐに激昂する＝キレるのは、その言葉の真意を読み取れていないからです。早とちりして曲解して、勝手にネガティブ思考になって、勝手に激怒する。すぐキレる人は言葉の意図や真意を理解できないまま、勝手に怒りのアクセルを踏み続け、畳みかけるように怒鳴り散らして収拾がつかなくなるのです。

正しく読み解ければ言葉の真意はわかるし、冷静に読解できれば「揚げ足を取っているだけ」「自分の都合で不機嫌になっているだけ」だと自覚することもできます。そうすればキレる前に自制することもできるでしょう。

そう考えると、他者の言葉からその真意を汲み取れる大人の読解力とは、思い込みや曲解によって増幅される人間の内なる攻撃的感情に歯止めをかける「ロジカルなブレーキ」でもあるのです。

近年、怒りが抑えられずに他者を罵倒したり、高圧的に責めたりする「キレやすい高齢者」の話題をニュースで目にする機会が増えています。高齢者が怒りを抑制できなくなる原因のひとつには、加齢による脳機能の低下とそれに伴う理解力の低下があると考えられています。相手の言葉を読解し、理解するロジカルブレーキの〝利き〟が鈍くなることで、イライラや感情の暴発が起きやすくなっているのです。

読解力が高い人に「すぐキレる人」はまずいません。「読解力」という名の、感情の暴走を抑制するブレーキは、円滑なコミュニケーションや良好な人間関係の維持に不可欠な、社会人としての〝標準装備〟と言えるでしょう。

## 相手の触れられたくない部分を察知する——地雷を踏まない読解力

前項で述べたように、読解力不足で自分がキレてしまってはコミュニケーションが成立しません。ならば逆に、「相手をキレさせない」ことも、良好な人間関係を保つために欠かせない大人の振る舞いになります。

最近よく聞く「地雷を踏む」という表現があります。地中に埋められている地雷は、パッと見ても存在がわかりませんが、誤って踏むと大爆発します。それが転じて、相手が「触れられたくなくて隠していたこと」をうっかり刺激して怒らせてしまうことの喩えとして使われるようになりました。

人は誰でも多かれ少なかれ地雷を抱えながら生きています。それは欠点であったりコンプレックスであったり、〝黒歴史〟といわれるような忘れたい出来事だったり——。傍(はた)から見ればほんの些細なことであっても、本人にとっては〝取扱注意〟の大問題。だからこそ普段はみんな、他者に知られまいと心の奥にしまい込んで隠しています。それを何気なく不用意に引っ張り出すと、たとえ「そんなつもりじゃなかった」としても、人間関係に〝こじれ〟が生じてしまいます。

「おれはバカだ」というコンプレックスを持っている人に対して、「バッカだなぁ」「また、バカなこと言っちゃって」「おバカちゃんだねぇ」などと親しみを込めたつもりで言っても、「バカ」という言葉だけで地雷のスイッチがオンになってしまう、といったトラブルにつながってしまうわけです。

地雷を誤って踏まないためには、まずその人の地雷となり得る劣等感やコンプレックスの所在を意識することが重要になります。その所在さえわかっていれば、〝誤爆〟の危険性はかなり低くなるはず。それもまた、大人のコミュニケーションに必須の読解力なのです。

また、人にはみな、近づかれると違和感や不快感を覚える距離感があります。それを「パーソナルスペース」と呼ぶのですが、それは物理的な身体の距離だけでなく心理的な距離にもあてはまります。

触れてほしくないことや踏み込んでほしくない話題といった地雷の多くは、その人のパーソナルスペースに隠されているもの。そのため、地雷を回避するには、相手のパーソナルスペースに不用意に立ち入らないように心の距離感を意識し、気を配っておくことも大事になります。そして、それにはやはり「相手の立場に立って、相手の目線と気持ちで考える」姿勢が求められるのです。

とはいえ、地雷は思わぬところに埋まっているものですし、パーソナルスペースも人によって異なります。ですから、どれだけ意識して気を配っても踏んでしまうことはあるでしょう。むしろ、１００％回避することのほうが難しいかもしれません。

さらに、必要以上に地雷を意識しすぎるあまりコミュニケーションそのものに臆病になってしまうのも、それはそれで本末転倒です。

ですから、配慮したつもりでもうっかり地雷を踏んでしまったら、下手に言い訳をせずに素直に潔く「ごめんなさい」と謝る。そして自分の発言のどこが「パーソナルスペース」を侵犯してしまったのか、どの地雷のスイッチを押してしまったのかを振り返って考えてみることです。ミスや失敗は、読解力アップの肥やしにすればいいのです。

## 状況の解釈は、立場や守りたい利益に左右される

２０１８年９月。女子テニスの大坂なおみ選手が全米オープンで優勝し、日本のテニス史上初となる４大大会シングルス制覇の快挙を果たすという嬉しいニュースに日本中が沸きました。

ただその試合のなかで、対戦相手のセリーナ・ウィリアムズ選手が主審から何度もペナルティを受けて激昂。ラケットを叩きつけたり、主審に暴言を吐いたりとフラストレーションを爆発させて会場は騒然となり、表彰式も異様な雰囲気になりました。

この一連の出来事については、アメリカ国内でも見方が真二つに分かれました。

一方は「主審の強権発動によって混乱した試合として記憶される」「彼女の主審への抗議はルールにおける性差別や人種差別に対して疑問の声を上げた意義深い行動」といったセリーナ選手を擁護する見方。もう一方は、「試合を壊したのは主審ではなく、自分をコントロールできなかったセリーナ」「彼女はアスリートとしての責任と品格を持つべき」といったセリーナ選手を批判する見方でした。

同じ出来事を見ても、人によって捉え方がまったく異なるのは珍しいことではありません。とくに立場や利益の違いは、ものごとの解釈に大きな違いを生じさせます。

仏教には「一水四見」という言葉があります。人間にとっては水ですが、魚にとっては住みかに、天人には宝石に、餓鬼には炎に見える。同じものでも立場や境遇によって、まったく違った見方をするという教えを表しています。

朝、窓の外を見たら久しぶりに雨が降っていたとします。これから出勤するビジネスパーソンにとっては鬱陶しさを感じる困った雨に思えるでしょう。その日が遠足だった子どもたちにとっても、「何で今日に限って――」という恨めしい残念な雨に思えます。

でも、少雨で困っていた農家の人たちや、水不足が心配されていた地域の人たちにとっては待ち望んでいた〝恵みの雨〟になります。同じ「雨」にもさまざまな見方や捉え方が存在するわけです。

人はロジカルな思考だけに基づいてものごとを解釈しているわけではありません。ロジカルに見えても、その人の置かれている立場、あるいはその人が守ろうとしている利益に何かしらの影響を受けているものです。

学生時代はミュージシャンに憧れてバンド活動に夢中だった人が、家庭を持って我が子が「音楽で生きたい」と言い出したら「夢みたいなことを言うな」と猛反対する――よくあるこんな親子のぶつかり合いもそうです。子どもにすれば「オヤジだって昔は――」ですが、子を持つ親という立場になって考え方が変わるのは不思議なことではないのです。

同様に、相手が自分を批判したり、否定的な言葉やネガティブな話を投げかけてきたりしたときも、まず求められるのは相手がどういう立場でものを言っているのかを考えてみること、つまり「解釈の出どころ」に思いを巡らせる冷静さです。

「個人的には理解していても、経営者の立場ではそう言わざるを得ないんだろうな」

「自分が同じ失敗をしているから心配なんだろうな」

ただ感情的に自分の立場と利益を互いにぶつけ合ってばかりいたら、人間関係は殺伐として、生きにくい世の中になってしまいます。

相手の真意を読み解くためには、「解釈はその人の立場や守るべきものによって左右される」という認識を持っておくことが重要なのです。

## 仕草、表情、口調。言葉以外の情報から真意を読み取る

会話による意思疎通に影響を与える要因として、身振り手振りや姿勢、表情などの視覚情報が55％、声のトーンや口調など聴覚情報が38％で、言葉そのものの言語情報はわずか7％に過ぎない――。有名な「メラビアンの法則」でも提唱されているように、身体は口

ほどに、いや、口以上に雄弁です。

驚いたら目を見張り、納得したらうなずき、おかしいと手を叩いて笑い、恥ずかしいと手で顔を覆う——言葉と身体は密接につながっています。そのため、本人が意識していなくても、本心がつい仕草や視線、口調などに表れることがよくあります。

話が長くなってくると、時計をチラチラと見る。
意にそぐわない意見を言われると眉間にしわが寄る。
話が煮詰まると腕組みをする。
熟考するときは目を閉じる。

私たちのコミュニケーションは言葉だけでなく、こうしたさまざまな身体の反応というサインを出しながら行われているのです。

メールやSNSなどでトラブルが起きやすいのは、対面でのコミュニケーションでは合計93％という大きな割合を占めている仕草や表情、声や口調といった情報がないために、意思疎通に齟齬が生まれるからだという考え方もできます。

・「大丈夫、大丈夫」と平気そうな顔で言っているけれど、こちらが視線を向けるとさっと目をそらす。本当は言うほどには自信がないんだな。
・さっきまでソファに深く座っていたのに、この話題になったら身を乗り出してきた。この話には関心があるんだな。
・彼女に「昨夜電話したんだけど、出かけてた？」と聞いたら、急に早口になって「女友だちと飲みに行ってた」だって。何だかウソをついている感じがするな。

言葉の上では取り繕うことができても、無意識のうちに身体に表れる反応は、そう簡単に隠すことができません。ですから、相手の話の表層だけに囚われずに本当の心情や本音を読み解くには、言葉以外の非言語情報を観察することも大事になります。

## 相手の「コミュニケーションのクセ」を見抜く

「なくて七癖」とよくいいます。人には、程度の差はあれ、コミュニケーションのクセがあります。みなさんの周囲にも、さまざまな「コミュニケーションのクセ」を持った人がいるのではないでしょうか。

・この人の「え～、どうしようかなぁ」は最初だけで、「ＯＫ」と同じ。
・この人は、いつも一般論しか言わない。
・この人の「反対」はたいてい、「ただ反対したいだけ」の反対。
・この人が鼻で笑うときは、バカにしているようだけど、本当は認めている。
・この人の意見は、最初は様子見。最後にならないと本音を言わない。

こうしたクセがわかった上で人と対峙すれば、相手の真意の在り処もよりつかみやすくなります。つまり、相手のクセを見抜くこともコミュニケーションにおける読解力のひとつなのです。初対面の人の場合でも、相手の話を聞きながら、同時に表情や仕草、口調などを観察して、その人がどういうタイプなのかを推測する。初対面ですから当然、当たり外れはあるでしょう。でも、そうした意識を持つことで着実に人間観察力が身についていきます。

また、相手と自分とのやり取りだけでなく、その人が他の人とはどのような会話をしているかを観察することも、コミュニケーションのクセを見抜く有効な方法です。つまり、その人のクセが、「自分に対してだけ向けられたもの」なのか、それとも誰に対してでも表れる「その人が元来持っているクセ」なのかを見極めるということです。

例えば、いつもキツイ口調でものを言ってくる人がいた場合、自分と話すときだけキツイ口調になるのであれば、自分とその人との関係性に何かしら原因がある可能性が高いと考えられます。しかし、自分以外の人にも同じような口調で話しているなら、それは「その人のクセ」と考えられます。

「誰に対してもそういう話し方をする人」だとわかれば、その人の感情を読み解くにあたって、口調のキツさはあまり関係がない。キツイ言い方をされても「怒っているのか」「機嫌が悪いのか」などと感情を深読みして気を揉む必要がなくなります。

## 相手の背景を読解すれば、コミュニケーションは上手くいく

コミュニケーションの極意は「相手本位」にあります。それは、互いに自分の関心事を押し付けるのではなく、相手の関心事や興味のあるものを慮ってやり取りするということ。

人にはそれぞれに積み重ねてきた経験があり、現在の生活環境があり、それに伴う言語

の蓄積があります。そしてそれが、その人の「背景」や「バックボーン」になっていきます。そう考えれば、会話とは言葉を媒体としたお互いの経験世界のやり取りとも言えるでしょう。

だからこそ大人としての円満なコミュニケーションには相手の背景を読み取って、それに合わせながら話をするという読解力が求められるのです。

例えば、相手の話の端々から「この人はグルメに興味がある」と読み取れれば、レストランや食べもの屋さんの話題。「最近子どもが生まれた」ことがわかれば赤ちゃんや子育てにまつわる話題。ゴルフが趣味だとわかればゴルフ関係の話題——。

相手が興味を持っていることを読解し、それに関する話題を提供しながら会話を進めていけば、その会話はまず間違いなく盛り上がります。さらに相手の興味と自分の関心事が一致したら、さらに心地よいコミュニケーションが成立するはずです。

逆に言えば、20歳そこそこのＯＬさんに対して、ＧＳ（グループサウンズ）やプロ野球の話題ばかりではなかなか話が通じないでしょう。逆に50代のオジサン相手にコスメやファッションの話をしてもまず盛り上がりません。20代のＯＬと50代のオジサンでは、その経験世界という背景がまったく異なるからです。

また、仕事でミスをして落ち込んでいそうな人に自分の成功談を延々と話したところで、気持ちのいい会話になるはずもありません。これもまた「失敗」と「成功」という経験世界の違いがコミュニケーションの齟齬を生んでいるからです。

会話において相手の背景を読む、経験世界を読むとは、つまるところその人の気持ちを考えること、その人を気遣うことに他なりません。

「この人が、いちばん興味を持っていることは何だろう」

「この人は、何について話せば喜んで応じてくれるだろう」

「この人が、他人に触れてほしくないことは何だろう」

想像力を働かせて相手の経験世界を読解することが、行き違いによる衝突やパワハラ、セクハラといったコミュニケーション・リスクからわが身を遠ざけることにつながっていきます。

私はさまざまなメディアで、現代人には雑談力が必要不可欠だと申し上げてきました。そしてその雑談を盛り上げる極意のひとつが「相手の興味のあるものや好きなものを意識して覚えておくこと」だと考えています。

つまり、周囲の人について「この人とは、この話題ならまず盛り上がる」「○○の話から始めれば大丈夫」「○○系の話が大好き」という鉄板ネタを、ひとつずつでいいから覚えておきましょうということ。

私はこうした相手ごとの鉄板ネタを「偏愛マップ」と呼んでいます。そして日々出会った相手の興味や関心事を押さえておき、常に自分のなかの偏愛マップを上書きするようにしているのです。

雑談力のアップはもちろん、相手の背景を読解するトレーニングにもなる偏愛マップづくり、みなさんもぜひ試してみてはいかがでしょうか。

## 図を描く——マッピング・コミュニケーションで「俯瞰力」を高める

第一章でも触れましたが、ものごとの本質を理解するには「全体を俯瞰で捉える」という視点が求められます。

その視点はコミュニケーションにおいても同様で、他者の真意を確実に読解するには、その人の発言全体の流れの把握が不可欠になります。

ただ、発言や会話の全体の流れを捉えなさいと言われても、それが意外に難しいもの。書かれた文章なら前にさかのぼって見直したり、文脈をたどり直したりできます。しかしリアルタイムで流れていく話し言葉の場合は、全体図を見失いやすくなってしまいます。

そうした発言や会話を全体図で捉える力＝「俯瞰力」はどうやって身につければいいのでしょうか。

私自身が高校時代から今に至るまで、普段から実践しているのは「会話をしながら図を描いてみる」という方法です。

言葉による表現だけでは読解しにくい会話全体の構造を簡略な図式にして、話し手が言わんとしている真意や本質を、よりわかりやすく把握するための思考アプローチです。

図式化といってもあまり難しく考える必要はありません。会議や打ち合わせの際、発言されたさまざまな意見を整理するために、ホワイトボードに簡単な図表にして書きまとめることがあると思います。それと同じと考えてください。

慣れていない人がいきなり、話をしながら詳細で込み入った図を描けと言われても、それはさすがに無理な話。でも、ホワイトボードの板書くらいのものならばハードルはかなり低いはずです。

図式化の基本は、

・ポイントとなる「キーワード」を書き出す。
・それらを必要に応じてA、B、Cなどと「グループ化」する。
・線、矢印、等号（=）、不等号（<>）などでグループの「関係性」を示す。

これだけでも十分に、フローチャートやワークシート、相関マップとしての役割を果たす「図式」になり得ます。

例えば、「あの若い女優さんは、私のいとこの結婚相手の姪っ子なんだ」と言われただけでは、何だか複雑で「要するに遠い親戚」ということくらいしか理解できません。でも、次ページのように図式化すれば、関係性は断然クリアになってきます。

会話というコミュニケーションでは、発せられた言葉はすぐに空気に溶けて流れていってしまいます。それをただ聞いているだけでは話がこんがらがってしまうけれど、簡単な図式にするだけで構造がはっきりし、論点が見えてくるのです。

私は普段から人の話を聞くときは、赤青緑の3色ボールペンを持って話を聞きながらメモを取り、図を描いて構造化することを常としています。

話のポイントとなるキーワードは青で囲み、なかでも「最重要」な言葉は赤で囲みます。

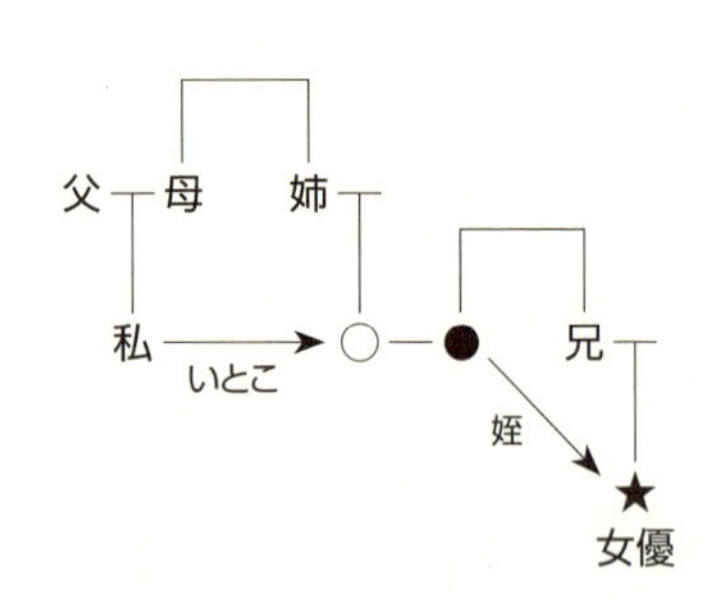


さらに、関心を引かれた言葉、気になった言葉、おもしろいと思った言葉を緑で囲みます。そしてそれらを関係性（並列関係や因果関係、対立関係など）や展開に合わせて線でつないだり、矢印を描いたりしていくのです。

刻々と流れていく会話を聞きながらなので、決して美しい仕上がりになどなりません。他人が見たら何が書いてあるのかわからないような代物のときもよくあります。

でも、私が見てわかればそれで十分。なぜなら聞いている話をその場で整理するための作業だからです。話の全体を見渡せる俯瞰力と、前後の言葉や発言の関係性を理解できる文脈力のある人なら、すべては頭のなかで行っていること。それを紙に書き出して可視化することで、よりわかりやすくしているわけです。

3色に色分けしないまでも、まずは紙とペンを手に、話を聞きながら構造を図式化してみる。サーッと聞き流してしまえば、何を言っているのかわからなくなるような話であっても、図式化し、可視化することで論点や真意を明確に理解できるようになります。

## 会話における「要約リアクション」で相手との距離が縮まる

相手の話を聞いてポイントを把握し、抽出する。会話における要約力は、使うタイミングによって、相手との距離をより縮めてくれる便利な武器にもなります。

というのも、相手の話を要約しながら聞くという行為が、相手に対する理解や同調、共感を示すリアクションになり得るからです。

例えば会社の同僚があなたに、こんな話をふってきたとしましょう。


「今朝、出勤するときにウチの近所の交差点で見たんだけど、自転車に乗ってた大学生くらいのチャラそうな男の子が、信号待ちしてたおばあちゃんにぶつかってさ。おばあちゃん、転んじゃったのよ。そいつイヤホンで音楽聞きながら、片手でスマホをイジってて、歩道をフラフラ走ってきたわけ。そんなのそいつが100%悪いのに、こともあろうに、おばあちゃんに『気をつけろよ、ババア』って怒鳴ってそのまま行っちゃったんだよ。ひどいと思わないか、まったく。立派な傷害事件だと思ってさ。逮捕しなきゃダメだよ、あんなの。周囲の人もみんな唖然としてて。おばあちゃんがケガしなかったからよかったけど。あいつ、今度見かけたら――」

話がとりとめもなく長くなって、放っておいたらまだ延々と続きそうな雰囲気ですが、ここが要約力の発揮しどころです。そこで、

「ひどいね。スマホ見ながらの自転車は厳罰化して取り締まらなきゃヤバイよな、ホント」

長くなりかけた話のなかで同僚が主張したがっている〝核〟だけを取り出し、「ホント、君の言うとおり――だよね」というニュアンスで、リアクションしてあげるのです。

この要約リアクションがあることで、相手は「そうなんだよ」「そういうこと」「わかってくれるだろ」という気持ちになります。自分の話がちゃんと通じていることに安心し、自分に共感してくれたことで親近感を覚えるでしょう。

要約というのは、相手の話の意図を冷静に読み取って手短にまとめるという、本来は感情とは連携していないロジカルな行為です。とはいえ、相手の話をしっかり聞いていなければできない、適当に聞いていたのではできない技でもあります。だからこそ、要約リアクションは同調や共感として伝わるのです。

また長話になっているときというのは、実は話している当人も「話が長くなっちゃったけど通じてるかな」という不安を感じていることがよくあります。ときには、話しながら頭がこんがらがってしまい、話を着地できなくなって困っているケースだってあります。聞き手が意図を把握し、整理し、要約してリアクションすることで、話し手のピンチが救われることもあるのです。

さらに聞いている側も、自ら相手の話を要約することでこんがらがり気味の頭のなかを整理でき、迷宮に入りかけた会話を通常の軌道に引き戻すことが可能になります。

このように、相手の話を要約して返すリアクションは、話し手と聞き手の両方の立場で役に立つコミュニケーションスキルといえるでしょう。

## 「センスのいい言葉」に敏感になることで読解力もアップする

私はYouTubeウォッチャーなのですが、アップされている動画を見る以上に、書き込まれているコメントを見ることに楽しみを見出しています。

とくに感心するのが現代の若い人たちの、ほめたり高評価したりするときの言葉遣いのセンスのよさや巧みさです。

例えば、山口百恵さんが歌っている映像のコメントを見ると、

「百恵ちゃんを見てると、顔や造形よりも中身の輝きの美しさって本当にあるんだなってつくづく考えさせられる。菩薩様みたい」

「百恵ちゃん、神々しいなあ」

「儚げなのに華やかで、妖艶なのに清潔感に溢れてて、可愛いのに色っぽい。美しさが奥深くて表現しがたい」

「百恵ちゃんってどんな無茶な演出でも、かっこ悪くなるってことなかったなあ」

「目つき、目線が醸し出す妖艶な雰囲気と、低くて大人っぽい声がマッチしてる」

寄せられているほめ言葉がどれもみな上手なのです。昭和の「百恵ちゃん世代」だけでなく、平成の生まれの若い人からの書き込みがあるのも興味深く、「山口百恵の魅力」をさまざまな世代の人が、さまざまな視点で〝読解〟し、さまざまな言葉で表現している。それぞれの「長所の読解力」の高さに驚かされます。

そういう意味で、YouTubeのコメント欄は「ほめ言葉の宝庫」と言えます。動画を見て楽しむだけでなく、コメント欄で的を射た鋭い書き込み、気の利いた表現、自分にはなかった視点での解釈などをチェックする。それも読解の幅を広げるいい勉強になります。

また、日常会話のなかでも言葉に関するアンテナを敏感にして、センスのいい言葉や表現を聞いたら、言った人をすかさずほめる、というのも読解力アップにつながるトレーニングになります。

「お、うまいこと言うなぁ」「今のはナイスな表現ですね」「ここでそう言えるなんて、センスありますね」「その言い方、冴えてるねぇ」「すごい、言い得て妙ですよ」――。

うまいジョークをほめる、センスのいい喩えをほめる。誰かが「うまいこと」を言ったら、それを見逃さずにほめたたえてあげましょう。ほめられた人も気分がよく、ほめた自分も勉強になる。いいことだらけです。

YouTubeのコメントにせよ、日常の会話にせよ、センスのいい言葉に対して敏感になれば、それだけ言葉の使い方や表現方法への意識が高まります。「この事象を説明するのにこんな言い方があったのか」「この状況はこういう比喩でも表現できるのか」といった気づきは「新しい語彙のストック」という学びにもつながり、それが読解力の基礎を強化してくれるのです。

## 2 メディアに惑わされない「情報読解力」

### 一億総発信時代、誰もが問われる情報読解力＝メディア・リテラシー

昨今、メディア・リテラシーという言葉が時代のキーワードとしてクローズアップされています。2020年から順次実施されていく学校教育の新学習指導要領でもその重要項目として「メディア・リテラシー教育」が挙げられています。

「リテラシー」とは本来「読み書きする能力、識字能力」の意味。そこから派生した「メディア・リテラシー」とは、テレビ、新聞、インターネットといったあらゆるメディアの情報をしっかりと読み解き、真偽を見極める能力、つまりメディアの情報読解力のことを

指します。

とくにインターネットの普及を境にメディアの多様化が進み、私たちは常にあらゆるメディアに接して、そこから発せられる膨大な情報に取り囲まれながら生活しています。ただ、世の中にあふれる情報は、そのすべてが正しいとは限りません。そこにはまったくのウソやデタラメ、根拠のない情報、誇張や偏りのある情報など、不確かで怪しい情報も数多く混在しています。

そうした時代を生き抜くために、これまで以上に正しい情報を識別し、適切に判断する能力＝メディア・リテラシーの必要性、重要性が高まっているのです。

現代社会におけるメディア・リテラシーを語る上で、とりわけ重要なのが「インターネット上の情報」との向き合い方でしょう。

必要な情報がいとも簡単に手に入るという意味で、インターネットがこの上なく便利なメディアであることには異論はありません。ただ、常に意識しておかなければいけないのは、インターネットから得られる情報は「玉石混淆（ぎょくせきこんこう）」だということです。

専門家や学者先生が発信している正確で有益な情報から、その辺の誰かが適当に書き込んだ根拠のない情報、さらには意図的に捏造された情報まで、十把一絡げでごちゃ混ぜに存在しているのがインターネットの世界です。そこでは「玉」よりも、むしろ「石＝間違った情報」のほうが多いかもしれません。

また、そうした「石」の情報ほど独り歩きしやすい傾向があります。ネットの世界では何の根拠も確証もない誤った情報（デマ）が瞬く間に不特定多数に拡散し、収拾がつかなくなるといった状況が珍しくありません。グリム童話『ハーメルンの笛吹き男』のように、吹き鳴らされた笛（＝流された情報）につられて、判断力のない子どもたち（＝鵜呑みにしてしまう人たち）が群れになってついていってしまう――そんな現象が起こり得るのです。

２０１６年の熊本地震の発生直後、ツイッターに「動物園からライオンが放たれた」という一文がライオンの画像とともに投稿されました。この投稿はたちまち多くのリツイートによって拡散し、動物園や警察に問い合わせが殺到。ところがこの投稿はまったくのデマで、ライオンの画像も無関係な写真だったのです。最終的に投稿者は逮捕されたのですが、実に多くの人がウソのネット情報に翻弄されてしまったわけです。

膨大かつ玉石混淆で、正しい情報も愉快犯的な悪意あるウソ情報も、何もかもが同じ土俵に上げられてしまう。――インターネット情報の特徴は、そうした圧倒的な網羅性と並列性にあります。そして、私たちは自分自身で、情報の真偽や正誤を判断して取捨選択しなければなりません。

手軽に、簡単に情報が入手できる時代だからこそ、それが「玉（ぎょく）」なのか「石（せき）」なのかをしっかり見極めるために、冷静になって能動的に真偽を判断・読解するスキルが求められるのです。

さらにSNSやブログの普及によって、今や誰もが自由に情報を発信できる〝一億総発信時代〟になっています。そんな時代ゆえ、情報の真偽を判断できないというリスクは、間違った情報を誰かに発信（シェア）するリスクにも直結してしまいます。「ライオンが逃げた」のようなデマの拡散はその顕著な例と言えるでしょう。

情報を受け取るときも、情報を発信するときも――私たち現代人は常に、自らのメディア・リテラシーを問われる時代に生きているのです。

## ネット情報は「まず疑う」というスタンスで――違和感センサーを研ぎ澄ます

ネットに限らず、あらゆるメディアが発する情報を読み解くメディア・リテラシー（情報読解力）には、ふたつの重要なプロセスがあります。ひとつは「まず疑う」こと、ふたつめが必ず「裏を取る」ことです。

ひとつめの「まず疑う」は、月並みな言い方をすれば「情報を鵜呑みにしない」ということ。そのためには目の前の情報に対して常に批判的な視点を持っておくことが大事になります。

そのとき大事にしたいのが、その情報を前にしたときの「何だか怪しい」「どこかしっくりこない」「話が出来すぎていないか？」「都合が良すぎはしないか？」――という感覚、つまり違和感です。

違和感を察知する「違和感センサー」を研ぎ澄まして、少しでも引っかかりを覚えた情報に対しては、まず疑いの念を持って向き合い、そのままでは信用しない。これが情報の真偽を読み解くメディア・リテラシーの基本姿勢になります。

例えば、本をネットで購入する人も多いかと思います。私もよく利用するのですが、その際にはレビューのチェックを欠かしません。おもしろそうな本を探してあれこれレビューを見ていると、ときどき、発行してからまだ数日しか経っていないのに、もう「☆5つ」の最高評価ばかりが10も20も並んでいることがあります。さらに、すべてのレビューがその本を絶賛し、ほめちぎっているんですね。

こういう極端なレビューを見たとき、「『☆5つ』ばかりズラリと並ぶのは、何だかおかしい」と思えるかどうか、これが大事なのです。

私の場合、こうした違和感を覚えるようなレビューに出会ったら、☆5つをつけている人が他の本にはどんなレビューを書いているのかを〝追跡調査〟するようにしています。すると、その本だけにしかレビューを投稿していない人が何人もいるケースがよくあるんですね。これはいよいよおかしいと。この人たちはこの本を宣伝する目的で高評価レビューをつけているんじゃないか――。そんな疑問を感じながらレビューを見ていくと、たまに「あの『☆5つ』に惑わされてはダメ」「あのレビューは、きっとステマです」といった投稿が出てきて、「やっぱり」と得心がいくこともあります。

極端なほめ過ぎに違和感を覚えることで、ズラリ並んだ高評価レビューを「〝マユツバもの〟かもしれない。そのまま真に受けないほうがいい」と読み解くことができるのです。

本当は、きちんと読んだ人の正直なレビューなのかもしれません。その本は本当に素晴らしい内容なのかもしれません。しかし、そこに少しでも違和感を覚えたときは、すぐには信用しない。確かな根拠のないものについては、少なくとも「本当なのか？ ウソではないのか？」と疑ってみる。
疑わしきは信じない――この意識を持つことが、ネットという海で「石」をつかまないための基本の防衛策になるのです。

## 根拠のない不確かな情報は、必ず「裏を取る」

違和感センサーが反応した疑わしい〝推定有罪〟の情報は信じない。鵜呑みにして発信しない。これがメディア・リテラシーの基本です。では、そうした不確かで疑わしい情報を前にしたとき、どのようにしてその真偽を見極めればいいのでしょうか。

答えはシンプルかつ明快。その情報を、多角的かつ徹底的に調べてみることです。つまり、情報の「裏を取る」のです。

「裏を取る」とは、情報の真偽を識別できる証拠を集めて事実関係を確認すること。容疑者の不確かな供述の裏を取る刑事のように、不確かな情報があったら事実関係を徹底的に調べて真偽を確かめる。そして、裏が取れた（正しいと判明した）情報以外は信用しない。これもメディア・リテラシーのもうひとつの基本姿勢になります。

そして、情報の裏を取る際に有効活用できるのが、他ならぬインターネットを使った「ネット検索」なのです。

疑わしい情報が多いネットで裏を取るというのは矛盾しているのでは――そんな声もあるでしょう。

しかし、インターネットの爆発的な普及・浸透・進化によって、書き込みをする人の数も膨大になり、提供される情報の量も増え続けています。

確かにネット上には「石」の情報が多いかもしれません。しかしながら、ネット情報という〝母集団〟がここまで巨大化している今、同時に、正確で根拠のある「玉」の数も格段に増えてきています。

ネット情報をそのまま鵜呑みにするのはもちろん危険ですが、だからと言って、ネットの存在を無視して、まったく使わずにメディア情報を読み解く、情報の真偽を調べるというのも、これまた危険な行為なのです。

## ネット検索は情報の裏を取るための〝最初の一手〟

ある情報を前にして、「これ本当なの？」「何だか怪しそうだから、とりあえず調べてみよう」というとき、インターネットは非常に役に立ちます。私も疑問を感じた情報については、もちろん新聞や本などの活字情報もチェックしますが、同時にネットでも検索をかけて徹底的に調べるようにしています。

そもそも私はネットであれこれ調べるのが大好きで、誰かと雑談していても、「それって本当？」という話になったら、すかさずその場で、スマホ検索するのがクセになっているほどです。検索すれば、とりあえず「○○新聞のサイトでも記事になってるから、本当の可能性が高そうだね」などと、おおよその推測をすることができますから。

今の世の中、スマホがあればすぐにネットで情報をチェックできます。100％白か黒かを識別することは難しくても、疑わしいのか、信用できそうなのかのアタリをつけることくらいは、誰だってできるようになっています。

なのに、それをしないという人が想像以上に多いんですね。非常にもったいないというか、現代においては「どうかしてる」とさえ思ってしまいます。スマホでササッと調べれば瞬時にわかりそうなものなのに、それをしないのですから。

そういう人に限って、「いや、ネット情報は危険で信用できませんから」と言います。でも、ネット検索での裏取りすらせずに独断で「正しいor間違っている」を判断してしまうほうがもっと危険でしょう。

膨大な情報が書き込まれているネットをチェックすれば、自分で「正しい」と思い込んでいたことにも、疑いが生じてくる可能性は大いにあります。自分以外の人たちの声を見ることが、「ひょっとしたら怪しいかも」「実はウソっぽいかも」といった疑いの念を持つきっかけになるんですね。

例えば、

一、世の中で一番楽しく立派な事は、一生涯を貫く仕事を持つという事です。
一、世の中で一番みじめな事は、人間として教養のない事です。
一、世の中で一番さびしい事は、する仕事のない事です。
一、世の中で一番みにくい事は、他人の生活をうらやむ事です。
一、世の中で一番尊い事は、人の為に奉仕して決して恩にきせない事です。
一、世の中で一番美しい事は、全ての物に愛情を持つ事です。

一、世の中で一番悲しい事は、うそをつく事です。

有名なのでご存じの方も多いかと思いますが、この7か条は『福沢諭吉の心訓』と呼ばれ、その名のとおり福沢諭吉が残した名言として世に広まっています。

以前、私が福沢諭吉に関する本を出版する際にもこの『心訓』を取り上げるかどうかという話になったのですが、そこではたと思ったのです。「これって、本当に福沢諭吉が書いたものなのだろうか」と。

というのも、私が初めてこの『福沢諭吉の心訓』を読んだとき、ある種の違和感を覚えていたからです。福沢諭吉は基本、文語体を使って本を書いています。そんな彼が「ですます」という口語体を使っている。その言葉遣いを見て、「おや、変だな」という直感が働いたのです。

そこでまず、インターネットでいろいろと検索をかけてみたところ、「『福沢諭吉の心訓』は福沢諭吉が書いたものではありません」「福沢諭吉が書いたという根拠がない」「それはデマです」といった書き込み情報がいくつもヒットしました。これはますます「怪しいな」と、その説の真偽についてある程度のアタリをつけることができました。

そして最終的に、活字情報である福沢諭吉全集をすべてチェックして調べてみたところ、案の定『心訓』に出てくる言葉はどこにも見当たらなかったのです。

違和感をキッカケに、ネットでアタリをつけて、最終的には活字情報で念を押す――。その結果、その本では『福沢諭吉の心訓』を扱いませんでした。ここまで裏を取ってなお「怪しい」説は本で扱うべきではないという結論に達したがゆえの判断です。

何事も自分だけの独断で決めつけてしまうのではなく、まずはネットを検索して、他の大勢の人たちの声を調べてみる。いろいろ検索して調べてみたけれど、「やっぱりウソっぽい」となったときは、最終的に図書館に行って文献を調べたり、新聞記事を調べたりと、より深く、より詳しく、より信憑性の高い証拠を探す。これらのプロセスによって、リテラシーの精度は上がっていきます。

そうした意味でネット検索は、疑わしい情報の真偽についてアタリをつける〝最初の一手〟として、非常に有効な手段だと言えるでしょう。

## 最低でも3回以上。「超検索力」で徹底的に掘り下げる

裏を取るためのネット検索で大事なのは「何度も検索する」ことです。普段ちょっとし

た調べものをするときのネット検索は1回、多くても2回くらいでしょう。

でも、「情報の裏を取る」という目的で検索をかける場合は、それでは少なすぎます。そもそもネット情報には疑わしい「石」が多いのですから、1回や2回の検索だけでは、ただ「別の石」をつかんで終わりになりかねません。

だから、何度も何度も検索をかける。まず検索をかけて別の情報源に飛んで調べ、さらに別の情報源を探してチェックして――を最低でも3回、できればそれ以上、5回6回と検索する。その情報を掘って、掘って、掘り下げて、これ以上掘れないという底が見えるまで、多方面から検索を重ねていく。私はこれを「超検索力」と名付けています。

自分が知りたい情報にスムーズにたどり着くスキルが「検索力」ならば、たどり着いた情報を〝丸裸〟にし、裏を取りまくって、本当にそれが正しいのか徹底的に調べ切るスキルが「超検索力」。私はこれを大学の授業にも取り入れています。お題となる情報をひとつ決め、学生たちにその情報の真偽について、スマホやタブレット端末、パソコンや携帯電話などで徹底的に検索して調べてもらうのです。

例えば、前述した「『福沢諭吉の心訓』は福沢諭吉が書いたものである」という説をお題に、その真偽をネットで超検索をかけて調べる。昔学校で習った「すべてのものは原子でできている」という定説をお題に、「でも本当にそうなの？」というスタンスでネット上の情報を探る。

すると、「何年前の新聞に検証記事が出ていた」「その説を覆した研究論文が出てきた」といった信憑性のある出典にたどり着くこともあります。でもそこで終わらせず、さらにその出典について検索をかけてみる。

また「その人なりの根拠を示して『正しい』と言っている人がいる」「違う角度から『実はこうだ』と言っている人がいる」といったネット上の声も集まってきます。だとしたら今度は、「その人なりの根拠」「違う角度」について検索していくわけです。

1回や2回チョロッと調べるだけでなく、その〝正体〟が露わになるまでネット検索をかけ続ける。深く掘って、裏を取り続ける。

根拠のない情報が渦巻くネットだからこそ、「裏の裏」を、「裏の裏の、そのまた裏」を、「そのまた裏の、さらにそのまた裏」を取ることが不可欠になるのです。

## 疑わしい情報は、「活字情報になっているか」をチェック

ネット上の情報が正しいか間違っているか、根拠があるかないか、それを見極める判断

基準のひとつに、「ネタ元（出典）が活字情報かどうか」が挙げられます。

ここで言う活字情報とは、新聞記事や雑誌記事のこと。「この情報は、何月何日付の○○新聞に取り上げられている」「月刊△△の何年何月号に、この情報が書かれていた」というように、活字メディアが取り上げた記事を出典としてインターネットにアップされた情報であれば信憑性は高くなります。

なぜならメディア、とくに情報を活字にして、紙に印刷して公に供している新聞社や出版社などには、正しい情報を発信するために事実関係を確認したり表記の誤りを正したりといった事前チェック、事前精査のシステムが構築されているからです。

しかしインターネットには、事実確認もしていない情報でも個人レベルで自由に発信できます。根拠もなく書き込まれた情報でも、あたかも〝正しい情報のように〟アップされてしまうんですね。

もちろん、活字メディアの情報がすべて正しいというわけではありません。でも、こうした活字になるまでの経緯ゆえ、情報の信憑性、信頼性という点では圧倒的に活字メディアに軍配が上がるのです。

さらに、活字メディアを出典としている情報は、その責任の所在が明らかであるという意味でも信憑性が高くなります。

公になっている活字情報の場合、万が一その内容に誤りがあったとしても、「○○新聞に載っていた」ということ自体、あるいは「月刊△△何年何月号の記事として出版された」こと自体は事実です。ならば、情報の真偽についての責任は、その新聞社なり出版社なりが負うべきものになるからです。

これはインターネット上の情報の正否を見極める際、とくに自分が発信する立場に立ったときに、非常に大きなセーフティネットにもなります。

自分がSNSやブログで発信したい情報を見つけたら、ネットで超検索をかけて、その情報の「ネタ元は何か」「出典はどこか」を探してみてください。そして、発信する際にはそのネタ元、出典を明確にする。いわば「BY誰？」を明らかにするのです。

検索して活字記事のネタ元が見つかれば、その情報を発信・シェアする際に「○月○日付△△新聞に書かれていたように――」と出典を示すことができます。それが「この情報は根も葉もない根拠のないものではありませんよ」というエクスキューズになるのです。

逆に、いくら検索しても出典元となる活字記事が見つからない場合、その情報の信憑性には大きな疑問があると考えたほうがいいでしょう。

学校や研究機関、企業などで提出するレポートでも、自分の意見ではなくどこかから引いてきた情報を掲載する場合、出典を明らかにするのは最低限求められるルール。出典のないデータや情報は、それだけで信憑性がなくなってしまいます。

その情報は「BY誰？」なのか。根拠や確証のない無責任な情報か、それとも活字メディアが事実関係を事前確認した情報か。インターネットにあふれている情報の信憑性は、その出典元（ネタ元）によって大きく左右されるのです。

## ウィキペディアは湖面に張った氷。全体重をかけるのは危険

ネット検索と言えば、真っ先に浮かぶのがネット上で誰もが編集できるオンライン百科事典「ウィキペディア」でしょう。その膨大な情報量と詳細な記事は、調べものをする際に非常に便利なために、何かわからないことがあると、まず「ウィキで調べてみる」という人も多いかと思います。また、ウィキペディアの情報を出典、ネタ元として情報が発信されるケースもよくあります。

情報の真偽のアタリをつけるというスタンスで見れば、ウィキペディアは非常に有効なサイト。私も「超検索力」で裏取りをしようという際にはウィキペディアを参考にするこ

とがよくあります。

ただ、ウィキペディアの情報をすべて信用して、鵜呑みにするのは危険です。製作者サイドでの専門家などによる厳しいチェックを経て活字情報として出版されている百科事典と違って、ウィキペディアは「誰でも自由に書き込める」「誰もが自由に記事を編集できる」ことによって成立しています。そのため、信頼性に疑問がある情報も少なくありません。

ウィキペディアに載っている情報でも、すべて正しいとは限らないということです。間違っているケースもあれば、検証が不十分な情報もあるのです。

事実、項目によっては「この記事は検証可能な参考文献や出典が全く示されていないか、不十分です」「信頼できる紙媒体またはウェブ媒体が紹介するまで、出典として用いないで下さい」などといった警告が表示されているケースもあります。

私は、ウィキペディアの記事とは「湖面に張った氷の上を歩くように」向き合うべきだと考えています。いきなり全体重を乗せることはせずに、割れているところはないか、薄いところはないか、解けて脆くなっているところはないかを、常に確認しながら慎重に歩く。つまり参考にはするけれど、すべてを信用はせず、自分で検証しながら真偽を精査していくべきだということです。

「信じる」ために見るのではなく、あくまでも「アタリをつける」ために見る。「ウィキに書いてあるから正しい」と頭から決めつけない。「100%白」でもなければ、「100%黒」でもない。「65%くらいのグレー」だという意識を持って読んでおく。こうした慎重さこそが、ウィキペディアを最大限に有効活用するための秘訣なのです。

## 多数派意見を知って「世の中の風向き」を把握する

メディアの情報を読解するにあたっては、「多数派の意見を知っておく」ことも非常に大事になります。

例えば、あるニュースについて、圧倒的多数の人が「この考え方は嫌い」とコメントしているとします。もちろん、それは書き込んだ人各々の個人的感情の集まりであり、対象となっている考え方の是非はまったく別ものだというのは言うまでもありません。

ただ、「今、こんなに多くの人がこの考え方を嫌っている」という状況を〝時代の基本情報〟として知っておくことには大きな意味があります。大衆に迎合するわけではないけれど、多数派意見を知って「これほどの人が嫌っているからには、何か理由がある」という視点と発想を持つことも、メディア・リテラシーのひとつになるのです。

多数派意見を知るとは、つまり、世の中の流れを知る、世の中の「風を読む」ということでもあります。私は長年、テレビでコメンテーターをしていますが、世の中の風向きの変化の速さを痛感しています。

ひとつのニュースについて、1週間か2週間で風向きはどんどん変わっていきます。例えば、先週までものすごく好感度が高かった芸能人が、何かひとつのキッカケで、次の週には手のひらを返したかのようにバッシングを受ける。大活躍して絶賛されていたアスリートが、プライベートな情報が出たことで一気に批判を浴びるようになる——こうしたことが多々あります。

そうした世の中の変わり身の早さ自体の是非はともかく、「風向きが変化している」という事実は知っておいて損はありません。そして、ひとつの情報に関する「現在の風向き」を把握するためには、前述したようなネット上のコメントのチェックが非常に有効なのです。

かつて「ネットは限られた一部の人の声だ」などと言われていましたが、それは昔の話。今や、ネット上の声こそが、世の中の風向きを形づくる大きな勢力になっていることは間違いありません。

私もネットでニュースや情報を見るときは、必ず同時に、そこに寄せられているコメントをできる限りチェックしています。すると、

「この人、例の一件の影響でこんなに評判が悪くなったんだ」

「これって、ここまで盛り上がってきているんだ」

「あの人の発言、先週まで同意が圧倒的だったのに、急に批判が増えてきたな」

——などと、世の中の動向を感じることができるのです。

多数派意見の動向を知ることで、世の中＝世論の風向きの微妙な変化が見えてきます。北風だったのが少しずつ変化して、北北西くらいになってきているな。南風が急に止んで〝凪(なぎ)〟になっている。これは風向きが変わるかもしれないな——というように、風を嗅ぎ分ける、風を読む、嗅覚のようなものが身についてくる。この嗅覚を磨くことも、メディア・リテラシーのスキルを高めるために必要なのです。

## 最初から決めつけると、風向きを読み違える

世の中の風向きを嗅ぎ分けるために大事なのは、自分自身を無風の立場に置くということ

と。つまり、「最初から決めつけない」という態度です。

最初に自分の主義主張ありきで臨もうとすると、風向きを大きく読み違えるリスクが高まります。人は、「自分はこうだ」「自分はこうであるべきだと思う」という主義主張があると、ものごとをその立ち位置からしか見られなくなってしまいがちです。

例えば、今の政府のやることは「すべて気に入らない」という人がいます。何もかも気に入らず、何を見ても何を聞いても、何をやっても、すべて最初から批判し、叩こうとする。理性的な批判ではなく「ただ嫌い」という感情のほうが強い。そういう人が風を読もうとしても、最初から強い北風ありきになりかねません。

逆に、全部を肯定して「何でもＯＫ」というスタンスでいるのもまた読み違いの元になります。「世の中がどう言おうが、私は賛成」という立場も、冷静に風向きを読むことが難しくなります。

自分の主義主張を持つなということではありません。世の中の風向きを読む、嗅ぎ分けるためには、まずフラットな立場に身を置くべきだということ。多数派意見は多数派意見として冷静に受け止め、その上で自分はどう思うか、自分ならどう考えるかという主義主張を持つことが大事なのです。

## メディアの情報は「編集ありき」という前提で見る

テレビのニュースやワイドショーでは、毎日のように芸能人やアスリート、政治家など有名人の記者会見や囲み取材、インタビューなどが報道されています。

その際、番組の放送時間が限られているという物理的な理由もあって、実際に行われた記者会見や取材の映像を大幅にカットし、つなぎ合わせて短時間サイズに編集したものがオンエアされることが多いのはご存じのとおりです。

ただ、正しい情報伝達という観点から見たとき、この編集という作業は非常に大きな危険をはらんでいます。なぜなら、どの発言を使うか、どの発言をカットするか、どういう意図でどう編集するかによって、受け取る側の視聴者が持つ印象が変わってくるからです。

注目度を高めるために、真意とは別の内容であってもインパクトが強くてセンセーショナルなフレーズばかりをクローズアップする、話題性を重視して悪意のあるコメントの切り取り方をする。メディア側の思惑によって発言が曲解され、それを基に意図的な編集を施した情報が流されることもあります。

最近では記者会見を編集せずにノーカット版で放送するインターネットのサイトも現れてきています。そうしたサイトを視聴して見比べると、「発言の一部分」だけがオンエアされたテレビ中継と、ノーカットで見たときとでは印象がまったく違う、発言の伝わり方が180度異なる。全部を通して聞いたら和やかな笑い話だったはずなのに、一部分だけを抽出したら失礼に聞こえて笑えないといった事態も起こり得るのです。

全体の文脈から切り離された瞬間、言葉の意味合いが変わってしまう。編集によって発言のニュアンスが変わってしまう。こうしたことはテレビ番組でもしばしば発生します。

以前、ダウンタウンの松本人志さんが某番組で、「メダリスト（アスリート）たちはバラエティ番組なんて出なくていいんですよ。とくに『ジャンクSPORTS』なんてね」と発言したところ、オンエアでは後半部分を編集によってカットされていたと、松本さんご自身がSNSに投稿したことが話題になりました。

発言のすべてを聞けば、相方の浜田雅功さんがMCを務めるバラエティ番組を引き合いに出した〝浜ちゃんイジり〟の笑える話だとわかります。ところが後半の「とくに『ジャンクSPORTS』なんてね」がカットされて前半部分だけがオンエアされると、本意とはかけ離れて、まったく違ったニュアンスで受け取られることになりかねない。松本さんの投稿はそのことを危惧したがためのようにも感じられました。

テレビ番組の収録でタレントさんがツッコミのつもりで言った「冗談じゃない！」という言葉が曲解されて、翌日のネットニュースにすぐ「激怒」とか「逆ギレ」と書かれるといったこともよくあります。実際の収録現場ではみんな爆笑で和やかな雰囲気だったのに、編集されてその発言だけがオンエアされたら、本当に激怒しているように映ってしまうこともあるわけです。

メディアに載せられた発言の真意を正しく読み解くには、まず、それがすべてではなく「編集されている」「部分的に切り取られている」ことが前提だと考えておくべきです。さらにその編集には、物理的事情だけでなく「意図的な解釈」が加味されている可能性もあるという認識を持っておく必要もあるでしょう。

残念ながら視聴者は、全貌を確認できないまま情報を受け取らざるを得ない立場に置かれています。だからこそ編集された情報、一部だけが抽出された言葉に惑わされない読解力が求められるのです。

## 言葉の「独り歩き」による誤解・曲解が、真意を隠す

発言の一部だけが切り取られて真意が見失われる――これはテレビ番組や記者会見だけ

で起こるわけではありません。同様の事態はＳＮＳやブログでも多々発生しています。むしろ、こちらのほうがよりそうした事態になりやすいとも言えるでしょう。

「この発言はひどい」「上から目線だ」「何様のつもり」「不謹慎」——誰かがアップした投稿の一部分だけがピックアップされて独り歩きし、ときには投稿者に非難や批判、誹謗中傷が殺到して炎上する事態になることもあります。

私は講演の仕事をお受けすることも多いのですが、最近は、聴講していただいた方々に「できれば、ツイッターなどで『今日、齋藤孝が講演でこういうことを話していた』といった投稿をするのを自重していただきたい」とお願いしています。別にウソを書くわけじゃないんだから投稿したっていいじゃないか——その気持ちはよくわかるのですが、そこを何とか、と。

なぜなら、同じ言葉であっても、その言葉は全体の文脈から切り離された瞬間に意味が変わってしまうからです。講演全体の流れのなかで話しているときは、声のトーンや顔の表情、仕草や所作、場の空気感などが相まって和やかな雰囲気で伝わったのに、その言葉だけを活字で取り出すと妙に冷たくて厳しいイメージで伝わってしまう。しゃべり言葉としてリアルに聞けば笑えるのに、活字になったら笑えない——こうしたことが十分に起こり得るのです。

さらに言えば、人は自分で思っている以上に〝言語再生能力〟が低いことも理由のひとつに挙げられます。私たちが持っている「あのとき、この人がこう言っていた」という記憶は、発言を録音したり一字一句すべてを記録したりしない限り、半分以上は間違っていると言っていいでしょう。「こんな感じのことを言っていた」「こんなニュアンスのことを言っていた」というのは、すでに「正しい情報」ではないんですね。

しかも多くの場合、一部分だけを切り取られたがゆえの「冷たくて厳しくて笑えない言葉」への批判は、切り取って伝えた人ではなく、大本の発信者——この場合は、講演で話した私——に向けられることになります。でも、それはおかしな話でしょう。

正確ではない可能性が高い情報を、全体ではなく一部分だけ取り出して発信する——情報伝達においてこれほど誤解が生まれやすく、危うい行動はありません。これでは、どう伝わるか、誤解されるか、曲解されるか、正しく理解されるかが、情報を受け取った側の読解力頼みになってしまいます。

さらに、発言の一部が抽出されてその言葉が独り歩きを始めると、単なる誤解だけでなく、言葉尻だけが取り上げられ、真意をねじ曲げた解釈をされるという、非常に厄介な

「曲解」も生まれやすくなります。

誤解と曲解は似て非なるもの。「誤解」が悪気もなく意図的でもない単なる思い違いであるのに対して、「曲解」とは相手の真意を〝意図的に、悪意を込めて〟自分に都合よく解釈することです。さらに多くの場合、曲解の背景には「相手を批判したい、貶めたい、叩きたい、ディスりたい（否定し、侮辱したい）」といった否定的感情も存在しています。

相手を否定したいがゆえの意図的な曲解が、正しいコミュニケーションや正確な情報伝達の大きな障害になることは言うまでもありません。

「保育園落ちた日本死ね!!!」――匿名で投稿されたブログ記事のタイトルで、2016年流行語大賞にもランクインするなど話題になった言葉です。この言葉を巡っては、ネットでも議論になり、流行語として相応しいかどうかという論争にまで発展しました。

ブログ記事全体を読めばこの投稿の真意が、政府が掲げた「一億総活躍社会」への批判や「待機児童の増加や保育士不足」への問題提起であることはわかります。

しかし、「死ね」という刺激の強い言葉だけが切り取られ、取り沙汰されて独り歩きした結果、投稿者が本当に伝えたかった真意はあまり論点にならず、言葉の是非ばかりが議論の俎上に載せられたのです。まさにメディア・リテラシーの対極にある「曲解」のなせる業と言えるでしょう。

今や一億総発信時代。世の中には、一部だけを抽出されて前後関係を失い、本来の意味合いが変わってしまった「単体の言葉」があふれています。こうした言葉と向き合ったときに誤解せず、曲解もせず、冷静に隠れた真意を読み解ける能力、それこそが現代人に必須の情報読解力なのです。

# 第三章　大人の読解力を鍛えるトレーニング

# 1 「文学」で読解力を鍛える

## 文学作品を読めば「人間」がわかる――読書で鍛える読解力

本書のテーマである「大人の読解力」とは言葉や文章を正確に把握し、論理的に整理して読み取る能力であると同時に、人の心の在り方や情感を理解する力、状況や場の空気を把握する力といった感情理解のスキルのことも指しています。

日本人の多くは、相手の感情を読み取ることによって人間関係を構築しようとします。それゆえ日常会話でも話の中身より相手の感情を気遣った言い方ができるかどうかが重視されたり、話の論理的整合性より感情的なつながりが優先されたりすることもあります。

日本という社会はそうやって他者の気持ちを読み取り、気遣い、感情面でのトラブルを防ぎながら形成されてきました。だからこそ感情の読解力の育成がより重要になります。

そのための効果的な教材として欠かせないのが文学作品、とくに小説です。ではなぜ、小説を読むことで感情の読解力が鍛えられるのでしょうか。

それは、本を読むという行為が「さまざまな人物（登場人物）」の心情や行動、人生観や価値観などを読み取って寄り添い、作品世界に深く入り込みながら、その世界を共有することだからです。

文字だけで書かれた文章から登場人物たちの感情を推察する。心理や行動を想像する。同じ世界を疑似的に生きる。たくさんの小説を読んでこうしたトレーニングを積み重ねることで、現実世界の人間関係においても、他者の考えや気持ちを察して共感する力、いわゆる「心の機微」を読解する力が身につくのです。

また、優れた小説はフィクションという非現実のなかに、欲望、嫉妬、愛、憎悪といった人間の本質や業をまざまざと描き出すもの。とくに近代小説はそうした人間のリアリティを言葉で丁寧に、事細やかに表現することで成り立っています。

そうした描写に触れることで、「人間とはどういうものか」を疑似的に目の当たりにすることができます。

サイエンスライターの吉成真由美さんが5人の〝世界の知の巨人〟にインタビューしてまとめた『人類の未来　AI、経済、民主主義』（NHK出版新書）という本があります。

その5人のうちのひとりで経済学の権威マーティン・ウルフさんは、吉成さんに「若い人たちにどのような本を薦めますか」と聞かれて、「個人的な教育から言えば、20歳から

25歳くらいまではできるだけたくさん小説を読むのがいいと思います」と答えています。なぜなら、年齢がそれ以上になると、登場人物に付き合う忍耐力がだんだんなくなってくるからだそうです。また彼は、素晴らしい作家は人間の本質というものを他のいかなる学問的研究よりも鋭く描いてみせることができる。素晴らしい文学作品からは、人間のさまざまな姿を、驚くほど広い行動の可能性を感じ取ることができる、とも言っています。

さすがは知の巨人。経済の専門家である彼の言葉は、「読書をする意味」の本質をズバリ言い当てています。

## 小説を読み解く技術①「引き寄せ読み」——小説と自分の人生をリンクさせる

ここからは具体的な例を挙げながら、小説を題材にして、その読み解き方のヒントを3つほど紹介していきます。

まずひとつめは、文学小説で展開される世界を、実際の現実世界に置き換えたり、自分の経験に照らし合わせたりする読み方です。本のなかのフィクションの世界をリアルな世界に「引き寄せて」読むことで、小説の世界観をより深く読み解くことができます。

例として挙げるのは三島由紀夫の代表作『金閣寺』。金閣寺の美しさの虜になった学僧が、その美しさを愛するあまり金閣寺に火を放つまでを描いた長編小説です。

名作ながら観念的で非常に難解とも言われている『金閣寺』を、現実世界や自分の経験に引き寄せて読むシミュレーションをしてみましょう。

読み解く課題は、「なぜ主人公は美の象徴でもある金閣寺に、自らの手で火を放ったのか」という作品の核心部分です。

問いに対する解釈は人それぞれであって然るべきなのですが、一般的には「その美しさを永遠に支配するために燃やした」というのが主流となっています。

あまりにも大切なもの、あまりにも愛するものを永遠に自分の支配下に置くために、いっそのこと自分の手で消し去ってしまおうと考える。そんな独占欲的な心理でしょうか。燃えてなくなることで金閣寺は学僧にとって永遠になる。だから火をつけたという解釈です。

学僧のこうした心情を、現実の世界に持ってきて置き換えると、

「こんなに好きなのに振り向いてくれない。ならば、いっそのこと殺してしまえば他の誰も手を出せない自分だけのものになる」

という、恐ろしいストーカーの発想と同じだと気づきます。

学僧は金閣寺のストーカーだったのか——こう解釈することで、『金閣寺』という文学作品がストーカーという現代社会の事象と結びついてつながってきます。すると小説の精神世界がより明確に見えてくるでしょう。

では、そもそも学僧がそこまで金閣寺に憧れの念を抱いたのはなぜか。

学僧は、子どもの頃からずっと、父に「金閣寺ほど美しいものはない」と聞かされ続けてきました。つまり、学僧の金閣寺への憧れは、「父によって刷り込まれた価値観」の象徴であるという解釈もできます。

そこで「じゃあ、自分の『親に刷り込まれた価値観』とは何だろう」と考えてみましょう。学僧の気持ちを自分の経験になぞらえてみるのです。すると例えば、
自分がタイガースファンなのは、父親も熱狂的なトラ党だったから。

私が料理好きなのは、料理上手な母親をいつも手伝っていたから。

僕がずっと独身なのは、父親からしょっちゅう「結婚なんてするものじゃない。独身が気楽でいちばんんだ」と聞かされていたから。

思い当たる節はいろいろあるでしょう。そして「自分の価値観や趣味嗜好は、自分ひとりで形成したわけではなく、他者からの刷り込みに大きく影響されている」ことに、改めて気づくかもしれません。

少し前に、カフカの『城』を読み返したのですが、そのとき「現代に引き寄せれば、これは『雇用問題』に置き換えられるな」と改めて思いました。

『城』は、ある寒村の城に雇われた測量士の主人公Kが、一向に城のなかに入ることができず、さらには厄介なよそ者扱いをされるなど、村独特の論理に翻弄される様子を描いた作品です。

権力の象徴である城の中枢になかなか入り込めずに苦労する主人公の姿が、正社員として働きたいのに、いつまで経っても非常勤や非正規社員のまま。将来を考えると不安は増すばかり——という現代の雇用問題と重なって見えたのです。

このようにひとつの小説がより深く、より豊かな学びや気づきを与えてくれるようになるのです。

これらのシミュレーションは、あくまで私の読み方です。小説のどの部分をどう引き寄せるかは読む人の自由ですし、解釈も人それぞれでかまいません。

重要なのは、小説のなかの事象を現実に引っ張り出して、「自分の場合は」「もし現実の話だとすると」と、自分の人生や自分を取り巻く社会のあらゆる場面に重ね合わせながら読むことです。

小説と自分の生きる現実の世界をリンクさせることで、小説も人生も、どちらにもより深みを感じることができるのです。

## 小説を読み解く技術②「キャスティング」——登場人物を周囲の人に置き換える

これは小説世界を現実世界になぞらえて読む「引き寄せ読み」の派生形で、小説の登場人物を自分の友人や知人に置き換えて〝勝手に〟キャスティングする読み方です。

「主人公の○○は、友人の誰々っぽい」「この老婆って、田舎のおばあちゃんのまんま」「ヒロインに横恋慕する△△は、ウチの部長そっくり」

というように、小説の登場人物を、キャラクター的に近い実在の人物と重ねて読むことで、より小説世界に入り込もうというアプローチです。

恋の物語なら自分と恋人に、友情の話なら自分と友だちに置き換えて味わってみるのもいいでしょう。

実はみなさんの多くは、普段から「キャスティング読み」に近いことをやっているかもしれません。例えば、やんちゃでガタイのいい男性を「大人のジャイアン」、自慢話ばかりする人を「スネ夫っぽい」、何をやらせてもどんくさい人を「のび太じゃん」。人はいいのにフラれてばかりの男性は「まるで寅さん」、男勝りだけど優しい女性を「サザエさんに出てくる花沢さんみたい」、婿養子で恐妻家の男性を「ウチの課のマスオさん」――。

小説ではありませんが、周囲の知人や友人の人となりを理解した上で、キャラクター的に類似しているアニメや映画の登場人物に置き換えてみる。こうした経験は誰もがしているのではないでしょうか。

「キャスティング読み」の教材には、ドストエフスキーの最高傑作『カラマーゾフの兄弟』をおすすめします。地主であるカラマーゾフ家の父親フョードルが殺害されて300

0ルーブルという大金が奪われる事件が発生。さて殺したのは誰か、というのが軸となるストーリーなのですが、作品の核となる地主のカラマーゾフ家の親子が、それぞれ実に見事にキャラが立っています。

父親フョードルは「下品で下劣で、欲張りで好色」という欲望オヤジ。
長男ドミートリィは「気性が激しくキレやすいけど女にモテる」直情径行型。
次男のイヴァンは「インテリで世の中を冷めた目で見ている」無神論者。
三男のアレクセイは「心優しく純粋無垢、愛情に満ちた」純真な好青年。

こう書いただけで、「長男は、○○さんみたい」「父親は△△っぽい」と、誰かの顔が浮かんだかもしれません。
小説を読みながら、登場人物を自分の知っている人に置き換えてみる。頭のなかで、性格やキャラクターが似ている人を〝その登場人物役〟にキャスティングする。そうすることで、難解で複雑な小説世界がより身近になり、登場人物の心情も把握しやすくなり、より深い読解が可能になるのです。

『カラマーゾフの兄弟』の3兄弟は、それぞれに性格や価値観が際立っており、ひとりひとりが世の中の人物タイプの典型になっているとも考えられます。

そして「誰と誰をこのくらいの割合で混ぜ合わせればこんな性格になる」という具合に、3つの典型でたいていのキャラクターを〝調合〟できる、いわば赤青黄の3原色のようなものとも言えます。

以前、俳優の堺雅人さんも某雑誌の取材で「カラマーゾフの3兄弟を組み合わせれば、たいていのキャラクターがつくれるんじゃないか」と語っていました。

「〇〇部長の好色さはほとんどフョードル。今にセクハラで訴えられるぞ」
「彼女、すぐキレるけど根は純粋。ドミートリィ40%とアレクセイ60%ってとこ」
「アイツ、ゲスいことばっかり言ってるけどめちゃ頭いいんだって。フョードルとイヴァンを足して2で割ったって感じのキャラだ」

というように、3兄弟プラス父親の〝4原色〟を知っておけば、普段の生活で出会う人たちにそのキャラクターを引き寄せて、人物をタイプ分けすることもできます。

また、血液型や12星座のように、自分の友人や知人をそれぞれのキャラクターにあてはめてグループ分けしてみるのも『カラマーゾフの兄弟』を読み解くおもしろいアプローチになるかもしれません。

## 小説を読み解く技術③「ビフォー・アフター」——価値観の変化を考察する

誰もが知っている太宰治の短編小説といえば、やはり『走れメロス』が挙げられます。国語の教科書で読んだという人も多いでしょう。

『走れメロス』の核となる登場人物は次の3人です。

①正義感が強く友情にあつい羊飼いの青年・メロス
②その親友・セリヌンティウス
③人間不信の暴君・ディオニス

ではこのなかで、物語の〝主人公〟は誰だと思いますか。

当然、主人公はメロスだという解釈が主流なのですが、その一方で、実は邪知暴虐の王・ディオニスが主人公ではないかという解釈もあるのです。その根拠は、登場人物のなかで価値観がもっとも変化したのがディオニスだから、というものです。

民を信じられず、身内や家臣の心まで疑って暴挙を重ねる王・ディオニスが、メロスとセリヌンティウスの友情を目の当たりにして、最後には「信実とは決して空虚な妄想ではなかった」ことを悟り、「私も仲間に入れてほしい」と歩み寄る——。

『走れメロス』の本質は、誰も信じられなかったディオニスが、人を信じられるようになったという、ディオニスの価値観、世界観、人間観の変化にあるのだと。

小説とは突き詰めれば、登場人物たちの価値観や世界観のぶつかり合いであり、せめぎ合いです。そして小説のおもしろさは、ぶつかり合いのなかでそれぞれの価値観がどう変化していくかにあるのです。

メロスもセリヌンティウスも、その価値観は最初から最後までそれほど変わりません。メロスは一時投げやりな気持ちになりますが、元に戻ります。すべての登場人物のなかで根本から価値観が変わったのは、ディオニスただひとりでした。

彼の変化がこの作品の主題であると読解すれば、『走れメロス』の主人公は暴君・ディオニスだという解釈には大いに納得できます。

もうひとつ、価値観の変化によるビフォー・アフターがわかりやすく描かれているのが芥川龍之介の名作『羅生門』です。

ざっくり言うと、羅生門で雨宿りしていた失業中の下人がそこで死人の頭髪を抜く老婆と出会い、やり取りの末に盗人になって出ていくという話です。

下人は最初のうちは、死人の髪の毛を抜く行為に義憤を感じて老婆を非難します。しかし、「生きるためには仕方がない」という老婆の言葉を聞いて、「それなら自分も罪を犯してもかまわない」と考えが変わります。その結果、下人は老婆の身ぐるみをはがして奪い、闇のなかへと去っていきます。

つまり老婆の行為に義憤を覚える倫理観を持っていた（ビフォー）下人が、老婆の言葉に罪を犯すことを正当化する理由を見つけて盗みを働くようになる（アフター）。

こうした下人の「善悪」と「生死」に対する価値観の変化こそがこの作品の〝核心部分〟と言えるでしょう。

登場人物の、誰の価値観が、どう変わるのか。何によって変わるのか。いつ変わるのか。新しい価値観から何を感じるのか。物語を「価値観の変化」という視点で追いかけていく。登場人物のビフォー・アフターを意識しながら読むことで、その小説の主題にぐんと近づくことができるのです。

## 音読のすすめ――声に出して読むと役者気分で心理描写に入り込める

私は自著『声に出して読みたい日本語』などを通じて、以前から「音読」の重要性を説き続けています。そして小説に描かれた世界観をより深く読解するためにも、象徴的なハイライト場面を声に出して読む音読は非常に有効です。

普通に物語を読んでストーリーの展開を理解しながら、部分部分の〝いい場面〟や分岐点となりそうな場面、大きな意味を持ちそうな場面を3～4ページくらい音読してみるのです。

不思議なもので、声に出して読むとその物語にグンと深く入り込めるもの。登場人物の心理がとてもリアルに感じられるようになります。まるでお芝居でそのシーンと自分の役柄に入り込んでいる役者さん気分になるんですね。

現在私が受け持っている大学の授業にも、名作小説の音読を採り入れています。例えば、ドストエフスキーの『罪と罰』の読解をするとします。でも授業を受けている学生のみんなが『罪と罰』を読んでいるわけではありません。ストーリーを知らないという学生も少なくない。

でもそんな学生たちでも、大まかなストーリーを解説した後に〝ここぞ〟の場面を音読させると、みんなすっかり役者気分で盛り上がります。初めて読む学生でも、物語の世界に一気に入り込むことができるのです。

殺人を犯した青年ラスコーリニコフは、好意を寄せるソーニャにだけ殺人の告白をします。「どうしたらいいんだ！」とたずねた彼にソーニャはこう言います。「いますぐ外へ行って、十字路に立ち、ひざまずいて、あなたがけがした大地に接吻（せっぷん）しなさい、それから世界中の人々に対して、四方に向っておじぎをして、大声で《わたしが殺しました！》というのです」（新潮文庫・工藤精一郎訳）

音読すると、ソーニャの迫力ある言葉に、胸を打たれます。これが文学的体験です。

他には『平家物語』の那須与一の場面もよく取り上げました。

与一、目を塞いで、
「南無八幡大菩薩、我国の神明、日光権現、宇都宮、那須のゆぜん大明神、願はくはあの扇のまンなか射させてたばせ給へ。これを射損ずる物ならば、弓きり折り自害して、人に二たび面をむかふべからず。いま一度本国へむかへんとおぼしめさば、この矢はづさせ給ふな」と、心のうちに祈念して、目を見ひらいたれば、風もすこし吹きよわり、扇も射よげにぞなッたりける。与一鏑をとッてつがひ、よッぴいてひやうどはなつ。小兵といふぢやう十二束三伏、弓は強し、浦ひびく程長鳴して、あやまたず扇のかなめぎは一寸ばかりおいて、ひィふつとぞ射きッたる。鏑は海へ入りければ、扇は空へぞあがりける。しばしは虚空にひらめきけるが、春風に一もみ二もみもまれて、海へさッとぞ散ッたりける。夕日のかかやいたるに、みな紅の扇の日いだしたるが、白浪のうへにただよひ、うきぬ沈みぬゆられければ、興には、平家ふなばたをたたいて感じたり。陸には、源氏箙をたたいてどよめきけり。

（『平家物語』巻第十一より）

（現代語訳）

与一は目を塞いで、

「どうかあの扇の真ん中を射当てさせたまえ。射損なったならば弓を切り折って自害するまで。本国へ迎えてやろうと思し召しなら射損じさせたもうな」と与一が念じると、ちょうど風が弱まったので、弓をひきしぼり射放った。与一、小兵とはいえ弓はやや長めで弦の張りも強い。鏑矢は浦一帯に響くほどに長く鳴りわたり、みごと扇のかなめのきわから一寸ほど上を射切った。鏑矢は海へ、扇は空に舞い、春風にもまれて海へと散った。扇は夕日に染まって金の日輪を描いて紅に輝き、白波の上をゆらゆら揺れていた。平家は舟ばたをたたいて感嘆し、源氏は矢を入れるえびらをたたいてどよめいた。

齋藤孝『声に出して読みたい日本語②』（草思社文庫）

海沿いで向かい合った源氏と平家。平家は源氏を「船の上に的として立てた扇を弓矢で射貫け」と挑発します。でも船は揺れるし、的は遠くて小さいし、風は強いし、どう考えても無理な話でしょう。

源氏側でこの難題への挑戦を命じられたのが弓矢の名手・那須与一です。でも、もししくじったら「自害」しなければならない。今でいう〝超ブラックなミッション〟を与えられたようなものです。

しかし、与一は見事に扇を射貫いてミッションを果たし、味方はもちろん敵からも称賛されたという有名なストーリーです。

私自身、この場面が大好きだったために音読をし過ぎて、しまいには暗唱できるようになったほどです。そこまで音読を積み重ねると、物語に入り込むのを超えて、「いつも自分の心の中に那須与一がいる」ような感覚になってくるものです。

すると、仕事をしていて壁にぶつかっても、「那須与一のような『しくじれば自害』に比べれば、たいしたことないじゃないか」「命までは取られない」と思えるようになる。

那須与一の場面を暗唱できたおかげで、無理難題に遭遇したときの心構えができて、仕事の悩みを乗り越えられたこともありました。音読には物語の世界観をより深く理解できるだけでなく、こんな嬉しい〝おまけ〟もあったのです。

自分で声を出して読んだ内容を、自分の耳で聞き、自分の頭で思考する。音読がもたらすこうした複数のタスクによって、理解がより深まっていきます。

どんな小説でも、そのなかの有名な場面に限れば、たいした分量ではありませんし、何度か音読したところでそれほど時間もかかりません。1～2分程度で読めてしまいます。小説を読むときは、お気に入りの場面を見つけて音読する。ぜひ試してみてください。

## 童話や子ども向け小説を〝大人の目線〟で読み直す

文章を読めば、自然とそこから想像できる情景やイメージが頭に浮かんでくる。この「活字のイメージ化」は、大人の読解力に欠かせないファクターのひとつ。文章にもさまざまな種類やジャンルがありますが、なかでも小説を読むという行為は、イメージ化能力を身につけるのに非常に有効なトレーニングになります。

しかし、活字離れが進む今の世の中では、小説を読むこと自体がキツイ、ハードルが高いという人も少なくないでしょう。そこでおすすめするのが「童話」の読み直しです。

童話を読め、などと言うと、「この歳になって今さら――」と思うかもしれません。しかし優れた童話は、子ども向けでありながら、実は、現実を生きていくための教えや戒めが数多く盛り込まれています。読み解く要素にあふれているのです。

また、非常にわかりやすい設定やシチュエーションで書かれているため、ストーリーや人物相関が入り組んだ大人の小説よりもイメージしやすいというメリットも。大人になった今だからこそ、改めて読み返すと子どもの頃には気づかなかった読み解きや新鮮な発見があるはずです。

例えば、『星の王子さま』。言わずと知れたサン＝テグジュペリの名作です。この物語を、改めて大人目線で「大人の物語」として読んでみましょう。

物語には、星から星へ旅をする王子さまが「自分の星に残してきたバラ」を心配するシーンがあります。

美しいけれど傲慢で、わがままで、気まぐれなバラ。とても大切な存在だったけれど、自分を振り回すバラに耐え切れず、バラを置いて自分の星を去る王子さま。

でも旅の末にたどり着いた地球で、その1本だけのバラの大切さに気づいた王子さまは、自分の星に帰ることを決める――。

では、王子さまにとってのバラは何を象徴していたのか。

多くの人は、子どもの頃には「バラ＝きれいな花」というストレートな読み解きしかできなかったかもしれません。できたとしても「一生懸命に育てた花を大切にする気持ちが大事」という教訓くらいまででしょうか。

でも、経験と知識を積み重ねてきた大人の視点で読んでみると、また違った読み解きができるはず。

「バラは星に残してきた恋人のこと。王子さまは、旅の最後に自分にとってかけがえのない愛情に気づいた」

そう読み解けば、王子さまは〝地元に恋人を残して東京に出てきた青年〟の象徴とイメージすることもできます。そして、残してきたバラが、何千本もあるバラのなかの特別な1本だと気づくシーンでは、「東京にも女の子は大勢いるけれど、自分には地元のあの子だけ」と気づく青年の心象風景に近いという解釈もできるでしょう。

とくに地方から都会に出てきた人は、自分自身の経験を重ね合わせたり、ほろ苦い思い出がよみがえったりするかもしれません。

以前『本当は恐ろしいグリム童話』という本が話題になりました。今もなお世界中の子どもたちに親しまれているグリム童話。しかし、その原話は「子どもに夢を」的なメルヘンな世界とはかけ離れた陰惨な物語であり、そうした〝正体〟を紹介したものです。

またジョナサン・スウィフトの『ガリヴァー旅行記』にしても、よく知られているのは、小人が暮らす国リリパット王国に漂着したガリヴァーのエピソードですが、実はこれも原作のほんの一部分でしかありません。原作をすべて読むと、決して子ども向けなどではなく、社会や政治への風刺、人間への皮肉が詰め込まれた〝大人の〟物語であることがわかります。

童話にはシンプルなストーリーのなかに愛や憎しみ、エゴや心の闇といった人間の本質、社会や権力に対する痛烈な風刺などがリアルに描かれている作品が数多くあるのです。

たかが子どもの話と侮るなかれ。あえて今、童話を「大人の物語」として読み返してみる。そこで「あの頃はこんな解釈しかできなかったけど、こうやって読むと実は――」という新たな気づきやより深い解釈に出会う。「本当はもっと深い童話」は、読解力を鍛えるトレーニングにもってこいの教材になります。

## 俳句は書かれていない「余白」にこそ味わいがある

ものごとは心で見なくてはよく見えない。いちばん大切なことは目には見えない――サン＝テグジュペリの『星の王子さま』に登場するキツネはこう言いました。

日本には目に見えない、つまり文字で表現されていないことを読み解いて、その味わいを楽しむ俳句という文化があります。

松尾芭蕉には山形県の立石寺で詠んだ、〈閑さや　岩にしみ入　蟬の声〉という誰もが知っている名句があります。

ストレートに読めば、蟬が岩にしみ入るほどに鳴いているのなら、「閑」どころかかなり騒々しいのではないかという疑問が生まれてきそうなもの。蟬の声などしないほうがしんと閑だと、普通は思うでしょう。

にもかかわらず、芭蕉はそこに深い「閑さ」を感じているのです。それはなぜか。そう考えながらこの句を読むと、響き渡る蟬の声の存在が、逆に北国の山寺を包む深い静寂を際立たせている。その「絶妙さ」に感動しているのではないか、という読解ができます。

また、その「閑さ」とは、音がしない現実的な静かさよりは、心のなかの安らぎや落ち着きという「閑さ」のことなのではないかといった推察もできるでしょう。

なぜ「閑さ」なのかという理由を事細かに説明してしまってはおもしろくない。ここはひとつ、読んだ人が推測してください――ここに俳句の味わいがあるのです。

昭和初期に活躍した俳人・久保田万太郎の作品に〈竹馬や　いろはにほへと　ちりぢりに〉という句があります。ここでいう「いろはにほへと」は、「いろはにほへと」に続く

「ちりぬるを」と「散る」をかけた掛詞です。それを踏まえて、この句を書かれている言葉どおりに読めば、「竹馬で遊んでいる子どもたちが、夕刻になって散り散りに家に帰っていった」という夕暮れの光景が思い浮かびます。

ただ、この竹馬は単なる遊びではなく「竹馬の友」を連想させる言葉だと捉えるとどうでしょう。「子どもの頃に一緒に遊んだ友だちも、時が流れて人生いろいろ、いつの間にやら散り散りになってしまった。みんなどうしているのだろう」――こうした遠い昔の懐古の念であったり、人生の流転への思いであったり。同じ句でも、また違った情景が見えてきます。

この五七五には「子どもの頃」も「友だち」も「人生」も「流転」も、何も書かれてはいません。でも、書かれなかった言葉が残していった余白に目を向けることで、より深い読み解きができます。

「いろはにほへと」には、子ども時代ならではの学びへの郷愁があります。それぞれの文字が散り散りになる幻影も目に浮かびます。

五七五の17音で表現される俳句は「世界でいちばん短い詩」とも言われています。わずか17音に思いを込め、わずか17音からその思いを読み解く。言葉による描写を究極まで削ぎ落とした俳句は、ほとんどが余白で構成されているとも言えるでしょう。

俳句には自分の感情は言葉でストレートに表現するものではないという暗黙の決まりがあります。「楽しい」「悲しい」「嬉しい」「感動した」といった気持ちはそのまま言葉にせずに、余白に匂わせるものだということ。つまり余白とは、何も書かれてはいないけれど、決して「無」ではない部分。目に見えないけれどもっとも大切な部分のことになります。だからこそ、そこにはあたかも何かが書かれているかのような味わいが生まれてくるのです。

書かれた言葉をそのまま読むだけでは俳句の本質は読み解けません。目に見えている五七五の奥にある余白に意識を向けたとき初めて、その句の核となる世界が見えてきます。

## 俳句を読み解くおもしろさを広めた『プレバト!!』の功績

俳句が持つ「言葉を削ぎ落とし尽くしたあとに生まれる深い味わい」を読み解くおもしろさを、より身近にしたのが、人気番組『プレバト!!』の俳句コーナーです。

この番組の魅力は何と言っても、芸能人が詠んだ俳句を毒舌でバッサリと添削していく俳人・夏井いつき先生の存在でしょう。

「これはわざわざ言わなくてもいいの。わかっているから」「ここは、この言葉だけで十分。他は必要なし」「だから凡人なの」「もう最悪」――出演者のみなさんが詠む俳句も素晴らしいのですが、先生の愛のある毒舌添削の魔法で、さらに句に磨きがかかる。

私もこの番組が好きでよく見るのですが、夏井先生の深い読解力にはいつも唸らされています。先生の解説と添削によって、「言われてみれば、確かにそうした味わいが感じられるな」「言葉の使い方ひとつで、ここまでの情景を想像させられるんだ」と膝を打って納得することもよくあります。

例えば、フジモンことFUJIWARAの藤本敏史さんが、「更衣（ころもがえ）」というお題で詠んだ、

新緑の　風来てそよぐ　産着かな

という句。さわやかな新緑の風に小さな産着がたなびく幸せそうな情景が目に浮かぶ、このままでもとても優れた作品です。夏井先生はその情景描写を評価しながらも、さらに〝言葉の無駄遣い〟を指摘。「来て」は不要だとアドバイスします。そして添削後の句は、

新緑の　風に産着の　そよぎだす

なるほど、「〝今〟吹いてきた風に、干していた産着がそよぎ出した」という情景がより伝わってくる感じがします。フジモンさんが句に詠み込んだ「生まれたばかりの子どもに向けた、父親としての優しく穏やかな眼差し」を的確に読み解いた上で、さらに句の世界に磨きをかける。それは夏井先生の卓越した読解力と表現力のなせる業なのです。

もちろん夏井先生の添削に対しても、視聴者の好き嫌いはあるでしょう。でも、俳句の感じ方や解釈は人それぞれ。だからこそ、そこに「夏井先生はこういう添削をしたけれど、自分はこういう視点でこう読んだからこう感じた」「私は違う視点で読んだから、こう捉えた」「なるほど、そういう読み解き方もあるかもしれない」といった豊かで文化的なコミュニケーションも生まれます。

オンエアのときには、テレビの前でそんな会話が交わされているはず。そういう意味で『プレバト!!』は、文化的に大きな社会貢献をしている番組だと思っています。

## 2　「新聞やネット」で読解力を鍛える

### 論理的な文章は、まず書き手の「好き嫌い」を読み解く

小説や詩歌などを「文学的な文章」とするならば、評論や解説、説明文などは「論理的な文章」に分類されます。

評論文の読解と聞くと、すぐに受験国語や現代文の試験問題が頭に浮かびます。でも実は、新聞の論説記事、家電製品の取扱説明書、企画書や報告書といったビジネス文書など、私たちの身近にも想像以上に論理的な文章が多く存在しています。

評論文などのロジカルな文章は、まず書き手の「感情」を読み取れ——大学の授業で現代文の読解を取り扱うとき、私はいつも学生たちにそう指導しています。

人が何かを主張するとき、その手段が文章であれ言葉であれ、その裏には必ずその人の感情が張り付いています。いくら論理性を重視していても、感情は切り離せません。論理とは、感情による価値判断という土台があって初めて構築されるものだからです。

難解に見える評論文などはとくにそう。あれこれ理由をつけ、詳細なデータを揃え、各

方面の書物を引用し、難しそうに書き述べられていますが、すべての主張の基本となっているのは非常にシンプルな感情であることがほとんどです。

「データを集めて論理的に分析してるけど、本当は『△△が大好き』なんだろうな」
「ゴツゴツに理論武装して反論してるけど、要は『○○は嫌い』ってことか」

理屈や論理よりも先に、まず書き手の根本的な「好き嫌い」の感情を読み取る。私はこのアプローチを、「好き嫌い現代文」と名付けています。私自身も本を読むときは今でも、必ず著者の論理の裏にある「好き嫌い」を常に意識するようにしています。

世の知識人や文化人、評論家のなかには、論理的に見えて文章のあちこちに本人の個人的な「何が好きで、何が嫌いか」を匂わせたくなる人が少なくありません。

例えばサイバー犯罪増加のデータを集め、ネット依存の症例を積み重ね、セキュリティの脆弱さを訴え――ネット社会のあらゆる弊害を書き連ねた評論文があったとします。

この文章全体をパラパラッと見て、そうした項目ばかりが目に入ってくれれば、理由はともかく「この書き手は、インターネット社会に否定的（嫌い）」という感情をベースにして書いていることが即座にわかります。

ＡＩ（人工知能）に関する評論文があったとしたら、最初に書き手は「ＡＩに希望を感じている（好き）」なのか「ＡＩを恐れている（嫌い）」なのかを探ってみる。

その肯定否定の感情や価値観さえ読み解ければ、少なくとも「その感情を理屈で武装している文章」であることがわかります。

全体をパラパラ読むことすら難しそうな本や評論文の場合は、まず「まえがき」や目次の項目に目を通すことをおすすめします。まえがきは主張の大前提となる「書き手の感情」が、目次にはそのための理論武装の断片が盛り込まれているからです。

書き手は結局のところ、この題材に肯定的なのか否定的なのか。好きなのか嫌いなのか。その本全体の方向性が明確になるだけで、難しそうな文章も格段に理解しやすくなり、大きく的を外さない解釈が可能になります。

## アウトプットを意識して、インプットの精度を上げる――瞬間要約力トレーニング

もっとも身近な論理的文章の宝庫とも言える新聞記事を、読解力の養成に活用しない手はありません。新聞記事の読解に求められるのは、文学作品のように自己投影したり、感

情を推察するのではなく、長く詳細に書かれた文章を「さっと読んで」「すっと要約して」「ぱっと発表する」というスキルです。

スピーディにインプットして、スピーディに本質を抽出して、それをアウトプットできる能力。これを私は、瞬間的な要約という意味で「瞬間要約力」と呼んでいます。

この瞬間要約力を鍛えるために、私は大学でも新聞を教材に使った授業を行っています。学生たちには、まず「新聞要約ノート」をつくってもらいます。それ専用にノートを1冊用意して、見開きの左ページに気になった新聞記事の切り抜きを貼り付けます。次に、対向面となる右ページにその記事の要約と、その記事を選んだ理由、記事に関する意見や感想などのコメントを書き込みます。

そして授業の際に、学生を何人かのグループに分け、それぞれが自分の要約ノートを基にしてピックアップした記事の要約を1分程度で発表し合うのです。

この方法の応用版で、本の一節を読んで内容を要約し、簡潔にスピーチするというトレーニングもあります。本の場合には、理論的な記述が多い新書を使って行っています。

学生たちには、それぞれ気に入った新書を持参させ、二人一組のペアにしてお互いの本を交換します。次に、1分なり3分なり5分なりと制限時間を決めて、相手が持参した新書をザッと読んでもらいます。

時間が来たら、書かれている内容を自分なりに要約して、お互いに説明し合うのです。「新書1冊を3分で読んで要約して話す」という課題は、無理難題のようですが、慣れると、みなそれなりにできるようになります。瞬間要約力を体感できるトレーニングです。この力は、書店でどの本を買おうか迷っているときにとりわけ実践的に試せます。本ではなく、「これから私が話す内容を要約して、○分間で隣の人に説明してください」といった、聞いた話の要約と発表にチャレンジしてもらうこともあります。

この課題のポイントは、新聞にせよ、新書にせよ、誰かの話にせよ、その内容の最重要ポイントを見極め、簡潔に要約し、さらにそれを手短にアウトプットするところまでを行うという点にあります。

最初は要領がつかめずに苦労する学生も大勢います。でもアウトプットすることが前提となると、インプット、つまり読解の真剣度合いも精度も大きく違ってきます。

「要約して人に伝える」という意識を持つことで、読み方にも変化が表れてきます。ただ読むのではなく、「結局、何が重要で、何を伝えたいのか」を考えて読むようになる。その姿勢でトライを繰り返すことで、次第にポイントを外さない的確な要約と発表ができるようになっていきます。

この瞬間要約力トレーニングのいいところは誰でも簡単に取り組めるという点です。新聞記事の要約ノートをつくるのが面倒なら、適当な記事を読んでそれを要約し、時間を決めて自分の言葉で誰かに説明してみるという方法でもかまいません。重要なのはアウトプットを前提にして読みの精度を高めることなのです。

## ネットにあふれる書き込みを読んで、自分を客観視する力を養う

ブログやSNSのコメント、ニュースサイトのコメント、それらのコメントへの返信など、ネットの世界にはいろいろな人の多種多彩な「コメント」や「レビュー」の書き込みがあふれています。私は自分でネットに書き込みをすることはないのですが読むのは好きで、さまざまなサイトによく目を通しています。

なぜなら、そうした書き込みや投稿を読むことは、読解力の向上に大きく資するところがあると考えているからです。

例えばニュースサイトのコメント欄。ひとつの事件が報じられると、そこには何十、何

百ものコメントが書き込まれます。事件の受け止め方や捉え方、考え方は人それぞれ違いますから、書き込まれる内容も千差万別です。分析、憤り、批判、疑問、問題提起、なかには誹謗中傷や罵詈雑言に近い内容も散見されます。

ひとつの出来事、ひとつの事件、ひとつのニュースに対して、世の中の人々の声をここまで大量に知ることができるのは、ネット時代の大きな特徴と言えるでしょう。

いろいろな人のいろいろな考え方を広く知ることによって、ものの見方や考え方の幅が広がります。ネット上のこうしたコメントやレビューを読むことは、この時代ならではの不特定多数との「対話」と言えるかもしれません。

同じ出来事に対してでも、人によってこんな捉え方がある、あんな考え方もある。

自分はこう解釈していたけれど、世の中にはこう解釈する人もいる、こんな理解の仕方をする人もいる。

こんなねじ曲がった解釈ができるものなのか。なんて鋭い切り口なんだろう。

まったく的外れなことを書いている。上手いことを言うなぁ。

語彙が足りない感じだな。言葉の使い方にセンスがあるな——。

自分とは異なる意見に触れることで、自分の考えを客観視することができるようになります。自分にはない視点からの考え方を知ることで、自分ひとりだけでは知り得なかった思いがけない気づきや新しい発見がもたらされます。

大量の、しかも玉石混淆のネット上のコメントを読むことは、語彙力や表現力を鍛え、思考をより研ぎ澄まし、ものごとの読解力をより深めてくれる、不特定多数との貴重なコミュニケーションなのです。

ネット上の書き込みと言えばもうひとつ、ショッピングサイトの購入者レビューが挙げられます。私もネットで買い物をする機会がよくあるのですが、その際には購入者が感想を書き込んだレビューのチェックを欠かしません。

「この商品はこの機能が素晴らしくて購入してよかった」「想像していたよりも使い勝手がよくなかった」「この価格でこの機能なら絶対に買いだと思う」「この機能をこんな風に使っています」——実物に触れられないネットショッピングでは、実際にその商品を使っている人の詳細なレビューが非常に有用な情報になります。

こうした購入者レビューにも、なかには思い込みのような一方的なクレームや、わざとらしいほどに持ち上げている内容のものなど、信憑性に欠ける書き込みもあります。ただこれもまた数多くのレビューに触れているうちに、それが本当に参考にできるものなのか、ひとりよがりの偏った感想なのか、その真偽が読み取れるようになってきます。レビューにこう書いてあったのに、買ってみたらハズレだった――こうした場合は自分の読解力が足りなかったという考え方もできるのです。

「レビューを読み解けなかった」では済まされない高価な商品は、当然ながら、自分で納得するまで購入を検討すべきです。ただ、失敗しても〝授業料〟と割り切れる程度の、日常のちょっとしたものの場合は、購入者レビューを読み解きながら吟味、検討する。これだけでも読解力を鍛えるトレーニングになります。

## 3　「歌詞」で読解力を鍛える

### 言葉の数が絞られる歌詞は、「行間を読む力」を養うのに最適な教材

大人の読解力とは、イコール「行間を読む力」だということはすでに述べました。

行間とは空白部分のこと。行間を読むとは、明確に描写されていない〝すき間〟に込められた書き手の真意を、想像力を働かせて汲み取ることです。

では、行間を読む力＝大人の読解力を養うにはどうすればいいのでしょうか。こうした

能力は一朝一夕に身につくものではありません。月並みですがやはり、普段から「書かれていない空白を想像する」ことを意識しながら文章を読むという練習を積み重ねていくしかないのです。

そして、その練習に適した、何よりも身近な教材が、日本の歌謡曲やＪ－ＰＯＰなどの「歌詞」です。

私は「歌謡曲マニア」で、小学校低学年の頃にムード歌謡に目覚めて以来、今もずっと聴き続けています。デジタル音楽プレーヤーには懐メロから最新の歌まで、１０００曲以上は入っているでしょうか。メロディもいいけれど、やはりそこに書き綴られる歌詞の世界が好きでたまらないのです。

そして、子どもの頃から約50年間、歌謡曲の歌詞の世界に触れ続けてきた膨大な経験の蓄積が、私の「大人の読解力」の構築にすごく役立っているのは間違いありません。

では、なぜ歌詞を読むことが「行間を読む」トレーニングになるのか。

ひとつには、小説と違って歌詞には分量的な制約があるからです。メロディに乗せることが前提なのでどうしても文字数が限られ、使える言葉の数も絞られます。そのために余分な言葉はできる限り削ぎ落とされ、限りなくシンプルに書かれています。つまり、歌詞はそれだけ行間や余白が多くなるということ。

謂ひおほせて何かある（ものごとを言い尽くして、後に何が残ろうか）

これは『去来抄』に出てくる松尾芭蕉の言葉で、「言葉を尽くしてすべてを表現してしまったら何もおもしろくないだろう」という意味です。

17音という制約がある俳句は、無駄な言葉や表現を極限まで削らなくてはならない。しかし、だからこそ読む者が自分で想像し、解釈できるおもしろさがあるのだと。

歌詞も俳句と同じこと。しかも俳句ほど極端な制約があるわけではなく、書かれていない部分を読み解くためのヒントや手がかりを得やすいとも言えます。

程よい行間、程よい余白が盛り込まれている歌詞は、書かれていないことを想像で補いながら読むトレーニングには、うってつけの文章なのです。

## 歌詞の世界は小説以上に現実の経験を重ね合わせやすい

ふたつめは、歌謡曲、あるいはJ－POPの歌詞には、聴く側が自身の経験を重ね合わせやすい、現実的な世界が描かれているという点です。

『走れメロス』には友情の素晴らしさが描かれていますが、かといって、実際に親友を自分の身代わりに人質にして、死が待っているとわかっていても命懸けで駆け戻ってくるというのはかなり非現実的な設定です。そこに重ね合わせられる同じような経験を実際にしている人など、まずいないでしょう。

でも歌の場合、そこに描かれるのは、より現実に類似した経験を持つ人が多いリアルなシチュエーションです。

失恋の歌には自分が恋人と別れたときの心情を重ね、プロポーズの歌には自分がプロポーズした（された）状況を思い浮かべ、卒業の歌には自分の学生時代を重ね、社会のむなしさを歌った歌詞には、満ち足りない日常への怒りやいら立ちを重ねる――。歌詞には誰もがその感情世界に〝深入り〟しやすいという大きなメリットがあるのです。

私は20代半ばのある時期、カラオケで浜田省吾さんの『MONEY』という曲をよく歌っていました。

この町のメインストリート　僅か数百メートル

さびれた映画館と　バーが5、6軒
ハイスクール出た奴等は　次の朝　バッグをかかえて出てゆく
兄貴は消えちまった　親父のかわりに　油にまみれて　俺を育てた
奴は自分の夢　俺に背負わせて　心ごまかしているのさ
Money, Money makes him crazy
Money, Money changes everything
いつか奴等の　足元にBIG MONEY　叩きつけてやる

サビの最後の〈叩きつけてやる〉のところでは必ず札束を叩きつけるポーズをする――それがお決まりでした。

大学を出てから無職で収入がない時期がかなり長く、その頃にこの歌を聴いて心にグッとくるものを感じたのです。

当時は、カラオケボックスが世に広まり始めていた頃。友人とカラオケに行って『MONEY』を歌っていると、「現実世界の自分」と「歌詞の世界の〝俺〟」が完全に同化して、「今はこんな状況だけど、いつか世の中を見返してやる」みたいな気分が高まっていったものです。これと似たような経験を持つ人も多いはずです。
自分の身近にある現実をあてはめながら意図を読み解いていく「引き寄せ読み」がしやすい。歌詞が読解力トレーニングの教材に適している理由はそこにもあります。

## 「多義的なあいまいさ」が歌の世界をより深くする――『駅』竹内まりや

私は竹内まりやさんの曲も大好きなのですが、彼女の代表曲のひとつ『駅』の2番の歌詞にこんなフレーズがあります。

今になってあなたの気持ち
初めてわかるの痛いほど
私だけ愛してたことも

この表現は2とおりの解釈をすることができます。注目すべきは、最後の一節〈私だけ愛してたことも〉で、「私だけ」のあとの助詞が省略されている点です。そしてそれゆえに、このフレーズは2とおりの異なった解釈が可能になります。

「私だけが愛してた」と捉えると、

↓　私はあなたを愛していたけれど、あなたは私を愛してはいなかった

「私だけを愛してた」と捉えると、

↓　あなたは私のことだけを愛してくれていた

書かれていない助詞が「が」なのか「を」なのかで解釈が大きく違ってきます。実は、曲が発表された当時、その解釈を巡って論争まで起きています（後に竹内まりやさんご自身が、この歌詞は「私だけを愛していた」という意味で書いたと語られたそうです）。読む人によって、読み方によって「こうも解釈できる、こういう理解もできる」となり得る。そんな〝あいまいさ〟を秘めた心情描写も、『駅』という曲が長きにわたって多くの人たちに支持されている理由なのではないでしょうか。

言葉の数が限られ、言葉が削ぎ落とされているがゆえに、そこに多義的な解釈が生まれる余地がある。それも歌詞を読み解くおもしろさのひとつなのです。

歌詞で描かれる多義的であいまいな表現には、書く側の「解釈は読み手に委ねます」「読み手が自由に解釈してください」という意図がある場合も少なくありません。

いくつもの解釈があるなか、自分ならばどう捉えるか。どんな意味合いで読むか。前後の文脈なども考えながら自分なりの解釈を探すことが、その曲の世界のより深い読解につながっていきます。

## 歌い出しの「いいえ」が否定しているものとは――『さそり座の女』美川憲一

いいえ私は　さそり座の女　お気のすむまで　笑うがいいわ
あなたはあそびのつもりでも　地獄のはてまで　ついて行く
思いこんだら　いのちいのち　いのちがけよ
そうよ私はさそり座の女　さそりの星は　いちずな星よ

言わずと知れた美川憲一さんの代表曲『さそり座の女』（斎藤律子作詞）、その歌い出しは、いきなり「いいえ」という言葉から始まります。

つまりこの「いいえ」は、その前にあるであろう「何か」を否定しているはず。そして、その何かが省略されていると考えられます。

では、一体何を否定しているのか。歌詞には書かれていない「いいえ」の前の何かを想像してみましょう。

単純に考えれば、間違った星座を言われて、それを否定する「いいえ」にも読めます。

「君、おとめ座でしょ？」

と聞かれたから、

「いいえ、違います。私はさそり座の女です」

と答えたのだと。確かにそう読めないこともありません。でも、もう少し突っ込んで想像すると、もっと違う解釈もできそうです。

歌詞全体を通して想像がつくのは、愛した男性に捨てられそうになっている女性の心情を綴っているということ。そして女性は「いやよ、私、別れない」という意思表示をしていることもわかります。

だとすると冒頭の「いいえ」は、別れ話を切り出した男性に向けて女性が発した「私は、そんなことを言われて素直に別れてあげるような都合のいい女じゃない」という意味での

「いいえ」とも取れるでしょう。

だから、「あなたはあそびでも私は本気。絶対に別れない。地獄のはてまでついて行くわ」というストーカーまがいの恐ろしい決意宣言へとつながっていくわけです。

そう解釈した上で、最初の歌い出し部分を少し大げさに補足すると、

(もう別れよう)

(いやよ別れない。そんなに簡単に別れられるとでも思った？)

(君はそんな聞き分けのない女じゃないだろ？)

いいえ、(私はそんな女じゃない。だって)私はさそり座の女——


といった感じになるでしょうか。「星座が違います」より、こちらの解釈のほうがしっくりきそうだと思いませんか。

この曲は「いいえ」で始まり、「そうよ私はさそり座の女」と念を押してビビらせるおもしろい構成になっています。

『さそり座の女』は、「一時の快楽に溺れての浮気や不倫は、大きな代償を背負うハメに

なる危険をはらんでいる」という世の男性への教訓の歌でもある――。歌い出しの書かれていない行間を想像することで、こうした読み解きまでできるのです。

## 歌詞を「画像や映像」で捉えて読み解く――『海を見ていた午後』荒井由実

よく「情景が目に浮かぶ」といいます。言葉や文章などの文字情報から映像を思い浮かべる、文章で描かれたシーンを思い起こす、イメージ化という作業はみなさんも普段から行っていると思います。

歌詞の世界観を読み解くときも、書かれている言葉から情景を「映像」としてイメージすることは非常に重要になります。

歌詞を読んだだけで、映画のワンシーンのようにその情景が思い浮かんでくる。そんな情景描写の達人といえばユーミン、松任谷由実さんでしょう。彼女が書く曲は、歌詞を映像でイメージするトレーニングのための教材としても非常に優れています。

どの曲もみな情景描写が素晴らしいのですが、なかでも「さすが、ユーミン」と唸らされるのが、私のお気に入りでもある荒井由実名義の頃の名曲『海を見ていた午後』です。

あなたを思い出す　この店に来るたび
坂を上って　きょうもひとり来てしまった
山手のドルフィンは　静かなレストラン
晴れた午後には　遠く　三浦岬も見える
ソーダ水の中を　貨物船がとおる
小さなアワも　恋のように　消えていった

描かれているのは、別れた恋人とよく訪れた眺めのいいレストランでひとり、彼を思い出している女性の様子です。この歌詞でもっとも想像力が求められるのは、〈ソーダ水の中を　貨物船がとおる〉という描写でしょう。

ソーダ水の小さなグラスに、本物の貨物船など入らないことくらいは誰でもわかります。ならば、
貨物船の小さな模型を浮かべているのか——それも無理がある。
ソーダ水に浮かぶ「氷」を貨物船に喩えたのか——そこにどんな意味がある？

では、前後の文脈を見てみましょう。すぐ前の歌詞に、〈晴れた午後には 遠く 三浦岬も見える〉とあります。

テーブルに置かれたソーダ水のグラス越しに、遠くの海を行く貨物船が見えた——これだ、と。そうイメージすれば、「長い間ソーダ水のグラスを見つめたまま、別れた恋人のことを思っていた」という彼女の切ない心情にまで想像が及ぶかもしれません。

同じ歌詞を読んでも、

「ああ、そうなの」と何も気に留めずにそのままスルーする人。

「それって何だか変でしょう」と疑問に思う人。

「グラス越しに見えるってことか」と想像できる人。

「切ない気持ちでグラスを見つめていたんだ」と心情にまで思いをはせる人。

「貨物船がはかないアワに包まれるように、心の中のあの人もかすんでいく」と、アワと恋を重ねる人。

その読み方、歌詞との向き合い方によって、見えてくる情景は大きく異なります。

レストランの内装や窓の外の風景などには何も触れられていないけれど、想像力を働かせて〈ソーダ水の中を 貨物船がとおる〉というたった1行の描写から、ひとつの美しい絵のような情景を思い描く。

「行間を読む」とは、削ぎ落とされた言葉を「絵や映像」として捉え、書かれていない部分までイメージすることでもあるのです。

## 言葉の違和感から「比喩」を読み解く——『私はピアノ』サザンオールスターズ

歌詞を読み解く際には、行間を読むのと同時に、具体的なものを「象徴的な何か」に置き換えた「比喩」の解釈も重要になります。

「この言葉は何を喩えているのか」「何の比喩になっているのか」「そもそもこの表現は比喩なのか、それともそのままの意味なのか」——優れた比喩表現は読む者の想像力を大いに刺激し、そこから数々の名曲も生み出されています。

前述した『さそり座の女』も、執念深くて一途で〝そう簡単には男性をあきらめない女性の心〟を「さそり」に喩えたことが、歌詞に大きなインパクトを与えています。

もちろん、さそり座の女性ばかりが執念深いわけではないのですが、「迂闊に手を出したら大やけどをするちょっと怖い女性」を喩えるのに、ふたご座の女とかやぎ座の女では迫力に欠けるでしょう。

また、前項の荒井由実さんの『海を見ていた午後』では、「ソーダ水の泡＝恋の終わり」と喩えています。

行きつけだったレストランでひとりソーダ水を頼み、グラス越しに遠くを行き過ぎる貨物船を眺めながら、シュワシュワと消えていく泡に、自分の恋の終わりを重ねている。そんな情景描写も、やはり「ソーダ水（の泡）」の比喩が効いているから絵になるのです。

日本のアーティストには比喩や喩えが上手な人が大勢いますが、「ちょっとエッチな比喩」「大人のエロさを匂わせる喩え」の巧みさでは、やはりサザンオールスターズの桑田佳祐さんの右に出る者はいないと私は思っています。

なかでも秀逸なのが、桑田さんの奥さまでもある原由子さんが歌い、高田みづえさんもカバーした『私はピアノ』という楽曲です。そのサビの後半部分の比喩表現は、まさに桑田さんの真骨頂と言えます。

あなたがいなければ　一から十までひとり
言葉もないままに生きてる
くりかえすのは　ただ Lonely Play

〈あなたがいなければ　一から十までひとり　言葉もないままに生きてる〉は、多分、ほぼ言葉のままの意味でしょう。

ポイントは最後の1行、〈くりかえすのは　ただLonely Play〉にあります。

「Lonely Play」は直訳すれば「ひとり演奏すること」ですから、言葉をそのまま解釈すればこのサビの3行は、「あなたが去ってしまったから、これまでは二人で弾いていたピアノを、今は繰り返しひとりだけで弾いている——」という意味に取ることができます。ピアノの演奏という情景を通して、恋人を失った寂しさが伝わってくる美しい表現。これが大方の解釈ではないでしょうか。

ただ、そうするとひとつの疑問が生まれます。それは、『私はピアノ』というタイトルの意味です。私がピアノを弾くのなら「私がピアノをプレイする」という意味合いのタイトルであるべきでしょう。なのに『私はピアノ』にしたのはなぜか。

このタイトルの謎を大人の読解力で読み解くと、ある仕掛けが見えてきます。そして、そこに桑田さんならではの比喩が隠されていることに気が付きます。

つまり、ピアノは私自身を喩えた比喩だということです。私自身がピアノという楽器であり、ピアノである私が「Lonely Play＝ひとりで演奏」をしている。そう、このLonely Playは、女性の「自ら慰めるプレイ」の比喩という解釈ができるのです。

これまでは二人で愛し合ったけれど、あなたがいない今は、ひとりで——。「ひとりピアノを弾く」という美しくて切ない表現で比喩されているゆえに、曲を聴いていても生々しい意味合いを感じません。事実、女性からの人気も高い曲です。

しかし、その裏側には、ポピュラーソングで描くにはかなりエグくて際どい真意が潜んでいるということ。こんなにエロい歌を、美しい表現で聴かせる。桑田佳祐さんの類まれなる才能は、まさに恐るべしです。

## ポップな歌詞の奥に込められた深き祈り——『君は天然色』大瀧詠一

1981年3月に発売された大瀧詠一さんの『君は天然色』は、40年近く経った現在でもなお人気を誇る名曲として知られています。

明るくポップなサウンドと、昔の彼女への思いをほろ苦く綴った歌詞の世界が広く共感を呼び、CMのタイアップ曲としても使われるなどヒットしました。

実はこの曲の歌詞は、作詞をした松本隆さんが、急逝した妹さんをモチーフにして書いたものでした。

想い出はモノクローム
色を点けてくれ
もう一度そばに来て
はなやいで　美しのColor Girl

この歌に登場する「君」は別れた昔の恋人であると同時に、今は亡き「最愛の妹」でもありました。妹さんを失ったことで世界のすべては色を失い、モノクロになってしまった。その世界にもう一度色を付けてほしい——。ほろ苦い失恋を歌ったこの歌詞の奥には松本さんの、妹さんへの思いが込められているのです。

こうしたエピソードを知った上で、自分のなかで大切な何かを失った経験、奪われた経験、手放した経験——世界がモノクロになってしまった経験を思い起こしながらこの歌詞に触れると、その感情世界により深く共感することができると思います。

私にも、可愛がっていた犬が死んでしまったとき、その喪失感の大きさに世界が色を失ったように思えた経験があります。何をやっても手につかない。何をやっても楽しめない。毎日が味気ない。大切なものを失うと、それまでとは世界がまったく違って見えてくる感覚。その世界が色を取り戻すまでの長い時間の記憶――。

『君は天然色』に秘められた〝祈り〟にも近い松本さんの思いを知ったとき、心の奥深い部分で、その歌詞の世界に強い共感を覚えたものです。

歌詞の世界は、聴く者が自分の経験を重ね合わせやすいことは前述しました。歌を歌いながら、歌詞を読みながら、その世界観を解釈する。より深く解釈するには多少の人生経験も必要になってきます。

その昔、「恋だ愛だ、男と女がどうしたこうしただ、世の中どうしてそんな歌ばかりが流行るのか、全然わからない」と言っていたのに、初めて恋をして初めて彼女ができた途端、「恋の歌がなぜこんなにあるのかわかった」と〝開眼〟した友人がいました。

子どもでも、学校で国語を学んでいれば、歌詞を読んで「これは男女の恋を歌った歌だ」という事実、描かれている状況やシチュエーションくらいは理解できるでしょう。

しかし、まだ初恋もしたことがないという子どもたちに、その行間に描かれた心情にまで思いを馳せることはできないはず。それは彼らが成長して、恋を経験して初めてわかるものなのです。

恋をしたときの心のときめき、片思いの切なさ、好きな人と一緒に過ごす楽しさ、恋人に抱く不安、嫉妬。恋を失う苦しさ――。自分自身が恋愛を経験したからこそ恋の歌の世界の解釈に深みが出る。その心情への共感が強くなる。

それは恋愛に限ったことではありません。人生経験を積み重ねた大人だからこそ持っている想像力、共感力、解釈力。それもまた優れた大人の読解力なのです。

## カバー曲を聴き比べて、歌詞の解釈の違いを楽しむ

歌詞の世界がおもしろいのは、同じ歌でも歌う人が違えば伝わり方にも違いが生まれるという点です。使われている言葉や描かれているシチュエーションは同じでも、歌い手がそれらをどう感じ、どう解釈するかによって、聴き手に伝わる情景が違ってくることが多々あります。

あるアーティストが発表した曲を別の歌手が歌って発表するカバー曲や、同じ曲を複数

の歌手が歌う競作曲を聴き比べてみると、それがよくわかります。

松任谷由実さんが荒井由実時代につくった『まちぶせ』という曲は、三木聖子さんという歌手への提供曲でしたが、のちに石川ひとみさんがカバーして大ヒットしました。この曲のサビにはこんな歌詞があります。

好きだったのよあなた　胸の奥でずっと
もうすぐわたしきっと　あなたをふりむかせる

これはあくまでも私個人の感覚ですが、二人の歌を聴き比べたとき、三木聖子さんの歌では〈胸の奥でずっと〉が、石川ひとみさんの歌では〈好きだったのよあなた〉のほうが、より強調されているように感じたのです。

〈胸の奥でずっと〉を強調した三木聖子さんバージョンからは片思いの「苦しさや切なさ」が感じられたのですが、〈好きだったのよあなた〉が強調される石川ひとみさんバージョンからは、同じ片思いでも「切なさ」より「心に秘めた一途な思いの強さ」のほうが伝わってきました。

どちらが好きかは意見がわかれるところでしょう。ネットのレビューなどを見ても、「三木聖子さんの歌は、高音部が少し苦しそうなところにも恋の切なさがあふれている」とか「石川ひとみさんの歌に込められた恋心の強さに引き寄せられる」など、聴く人の好みや感じ方で評価もさまざまです。

もちろん、どちらがいい悪い、正しい間違っているということではありません。カバー曲は原曲を超えられるかといった両者の優劣を語ることなどもナンセンスです。

そうではなく、歌い手の解釈や表現方法、曲のアレンジやテンポの違いなどによって、ひとつの曲から浮かんでくる〝違う情景や心象風景〟を読み解く。同じ歌詞から生まれるいくつもの解釈を知ることで、一粒で二度も三度も違ったおいしさを味わう。カバー曲や競作曲の聴き比べには、歌い手やつくり手の解釈を読解する楽しさがあります。

## 4　「映像と絵」で読解力を鍛える

### オリジナル映画は、映像の〝行間〟を読む力を養うのに最高の教材

読解の対象となるものは文学や歌詞といった「文章」だけではありません。ともすれば

文章以上に奥が深いのが「映像」の読解です。

映像読解のもっともポピュラーな対象となるのは、やはり「映画」でしょう。近年、邦画ではオリジナル脚本の作品よりも、テレビドラマやコミックを映画化した「原作もの」と呼ばれる作品のほうが人気です。もちろん、そうした作品にも秀作は多いのですが、作品世界を読み解くというアプローチをするには、やや説明描写や説明セリフが多くて〝わかりやすすぎる〟部分があります。

一方、独自な世界観で描かれるオリジナル映画は、テレビドラマと比べると「複雑でわかりにくい」と感じるかもしれません。しかし、映像における〝行間〟を駆使するという、映画ならではの手法で成り立っている作品も多く、その分、作品世界の読み解き甲斐もあります。

余計な説明は極力省き、表現したいことのすべてを短いセリフや象徴的なワンシーン、ワンカットに託す。

多くを語らず、観る者の感性や感情、思考に委ねる。

何の説明もなしに突然、時間軸が入れ替わった場面展開なども多く、前後の文脈や流れを理解して観ないと物語がわからなくなる。

象徴的なワンカットやワンシーンから物語の背景や状況を読み取れないと、ストーリーの筋がつかめない。

その俳優の表情や仕草だけで登場人物の心情を想像できないと、キャラクター設定がわからない。

今この人はどういう気持ちでこのセリフを言っているのかを読み取れないと、作品の本質がわからない。

だからこそ、「このシーンはこれを踏まえて撮られているんだ」「この目線の裏にはこんな感情が隠されているに違いない」「主人公にはこんな心の傷があるから、この言葉が口をついて出たんだ」と常に考え、想像し、読み解きながら作品世界に入り込んでいく。そこに映画本来のおもしろさがあるのです。

説明されていないから、想像する。一見すると意味のなさそうなカットの真意を探る。監督や脚本家の〝真意〟がさまざまな形でちりばめられている優れたオリジナルの映画作品は、楽しみながら映像を読解する力を鍛えるのに、非常に適した教材といえます。

ひとつ、教材としてもおすすめなのは小津安二郎監督の一連の作品です。

端正な画面構成に抑制の効いたセリフで人気の高い彼の作品は、どれも映画における行間を読むおもしろさにあふれています。というより、大人の読解力が試される映画と言えるかもしれません。

代表作ともいえる『東京物語』をはじめ、『秋刀魚の味』『一人息子』など多くの作品に共通して描かれているのは、古き良き日本人の素っ気ないほどに淡々とした日常です。

ハリウッド映画のような殺人事件も起きなければ、派手なアクションもない。大どんでん返しの急展開もない。事件らしい事件などほとんど起きません。強く何かを主張しているわけでもなく、何かを批判しているわけでもありません。

小津安二郎監督の作品の魅力は、ドラマティックなストーリー展開やプロットの巧みさではなく、ありふれた日々のなかに表れる人々の心情を読み解くおもしろさにあります。

劇的な展開が少ないがゆえに、日常の淡々としたやり取りのなかから心情を拾っていくしかありません。つまり映像の行間にこそ見えない意味があるのです。その行間の意味を理解していないと映画そのものが難解になってしまいます。

理屈をこねず、説明描写に頼らない。日本人ならではの感性である「言わぬが花」的作風で描かれる小津ワールドには、まさに映像の行間を読む力が不可欠なのです。

## 映画のワンカット、ワンシーンに込められた思いを読み解く

例えば、その小津安二郎監督の作品のなかに、港町を舞台に旅回り一座と周囲の人々との人間模様を描いた『浮草』があります。それにはこんなシーンがあります。

土砂降りの雨が降るなか、一座の座長（中村鴈治郎）と愛人の女旅芸人（京マチ子）が長屋の軒下の往来を挟んでにらみ合い、激しく罵り合う。「このアホ！」「あんたこそアホや！」「文句あるか！」「ナメたマネ、せんとき！」。雨に打たれながら、二人は激しい言葉をぶつけ合う——。

一座の座長の女性関係に嫉妬して激怒した愛人の女旅芸人が、相手の女のもとに怒鳴り込んで座長と痴話喧嘩になる——ストーリーの山場となる名シーンです。

ここで効いているのは「土砂降りの雨」という演出でしょう。私はその雨の激しさを、男女の愛情と憎しみの激しさ、人間の業の激しさの象徴と捉えました。さらには、感情を抑制した演出で知られる小津監督が見せた〝動的な激しさ〟をも感じたのです。

感じ方や解釈は人それぞれですが、大事なのは、別に大雨でなくても成立する場面で、

なぜ豪雨を降らせる必要があったのか。なぜ照り付ける太陽の下にしなかったのか。ひとつひとつのシーンに込められた意味を考えること。土砂降りの雨に語らせたかった監督の意図を読み解くことです。

また、北野武監督の『アウトレイジ　最終章』の冒頭シーンに注目してみましょう。

街を流す黒塗りの外車。そのピカピカに磨かれたルーフに夜の街のネオンが反射して映し出されている。映り込むネオンのなかにはハングルの文字も見える――。

ほんの数秒ですが、映像としての美しさに加えて、観る者に「フィルム・ノワール（黒い映画＝暗黒街を舞台にした退廃的で虚無的な犯罪映画）」的な作品世界を瞬時にイメージさせる重要なシーンです。

磨き抜かれた黒塗りの車と映し出されるネオンだけで「危険な人たち、その筋の人たち」による「夜の街を舞台にした」「危険な物語」という作品世界が読み取れるのです。

あるテレビ番組でビートたけしさんにお会いしたときに、「あの最初のワンシーンだけで、どんな世界なのかがすぐわかりますね」とお伝えしたところ、「そうなんだよ。映画ならパッと一回見せただけでその世界観を伝えられる。でも、小説だとすべて文章に書いて説明しなきゃいけないでしょ。今、小説も書いてるんだけど、そこが大変なんだよね」とおっしゃっていました。

ひとつのシーン、一瞬のカットが象徴している作品の〝ワールド〟を読み取る。そうした見方をすることで、映画の楽しみ方の幅はぐんと広がるはずです。

## 名作『ひまわり』で「ひまわり」が象徴するものとは

ソフィア・ローレンとマルチェロ・マストロヤンニが主演した『ひまわり』という映画があります。

第二次世界大戦が終結した後のイタリア・ミラノ。ソ連に出征して行方不明になっている夫アントニオ（マルチェロ・マストロヤンニ）をジョヴァンナ（ソフィア・ローレン）は待ち続けています。

しかし、ようやくアントニオの消息をつかんだジョヴァンナは、アントニオがソ連で現地の女性と幸せに暮らし、幼い娘までもうけていることを知るわけです。

ジョヴァンナは絶望と悲しみのなかミラノに戻り、新しい人生を歩み始めます。ところがある日突然、アントニオが彼女の元を訪れて――。戦争によって引き裂かれた男女の悲しい愛の行方を描いた名作です

この映画では、直接ストーリーに関係してくるわけではないのですが、印象的な場面で一面に広がるひまわり畑の映像が映し出されます。真夏の太陽のように明るく健やかなイメージのひまわりと男女の悲哀の物語。この組み合わせは一見すると、似ても似つかない対極にあるように思えます。

なぜ「ひまわり」なのか。監督の意図はどこにあるのか。何を伝えたかったのか。そう思いを巡らせ、自分なりに洞察してみることで、作品世界の理解がより深まります。

例えば、生命の盛りを象徴するように咲くひまわりと、ジョヴァンナの切ない心情を対比させて、戦争によって幸せな日々を奪われた悲しみの大きさをより際立たせているという解釈もあるでしょう。

また作中には、ジョヴァンナがソ連のひまわり畑を訪ねた際、その下には戦死した無数の兵士たちが眠っていると知らされるシーンがあります。それをふまえれば、ひまわりをかけがえのない大切な生命の象徴として、戦争を続ける愚かな人間と対比させているとい

う捉え方もできます。

ひまわりと戦争。明るさと悲しさ。美しさと愚かさ。ひとつの情景描写が作品のテーマにどんな効果をもたらしているのか。こうした解釈には正解などあってないようなもの。作品を観た人が、そのシーンから何をどう想像するかは自由です。

大事なのは「ああ、キレイなひまわり畑」とスルーしてしまわず、その映像の意味するところを考えながら観ること。それは言わば、作品やそのつくり手と交わす知的な対話でもあるのです。

## 途中で止めて続きを想像する。読解力と想像力を鍛える映画鑑賞法

漫画家の浦沢直樹さんとある集まりでご一緒したとき、「映画を最後まで観ずに途中で切り上げて、そこから先の展開やストーリーを自分で想像することがある」という話をされていました。

あるとき、その映画を最後まで観たアシスタントに「この続きは、こうなってこうなって、最後はこう終わるっていうのはどう?」と自分の想像を話したら、「先生のストーリーのほうがおもしろいです」と言われたと。

映画を途中で止めて続きは想像で楽しむ――浦沢さんだからできる達人の鑑賞法だと驚いたのですが、実は、この観方は映画を読解するトレーニングに非常に適しています。

この不可解なセリフは、何かの伏線になっているのではないか。この先の展開を考えると、カギになる登場人物がまだ出てきていない気がする。あのキャラクターの描写は、どこかで敵に寝返りそうに見える――。

想像が当たったか外れたかという結果は問題ではありません。先の展開を想像する。そのために目の前に流れるストーリーを、文脈や伏線を意識しながら観る。ここが大事なのです。

せっかく映画館に行って途中で出てくるのはもったいないですが、レンタルＤＶＤやネット配信の作品ならばこうした観方も可能です。映画を途中で止めて、そこから先の展開を予想し、答え合わせをする。ひとりはもちろん、何人かで観て、それぞれの想像を披露し合うという楽しみ方もできます。ぜひ試していただきたいと思います。

あとの展開はみなさんが想像してください――小説でもこうした〝仕掛け〟が施された作品があります。有名なのは、〈下人の行方は、だれも知らない〉という一文で終わる芥川龍之介の『羅生門』でしょう。

以前、私も学校の授業で、「老婆の着物を剝いで逃げ去ったあと、下人はどうなったと思いますか。続きを想像してください」という課題を出したことがあります。

それまでのストーリーを読解していくと、実は「下人のその後」を想像させるヒントがいくつも存在しています。まず「何かヒントがあるはずだ」という意識で読む。そして、そのヒントを手掛かりに、読者に委ねられた「その後」を想像する。

・そのあとも老婆の言う「生きるための悪」を肯定して、盗みを重ねて生きていった。
・悪事を悔いて真っ当に暮らしていたが、結局、「生きるための悪」に手を染めてしまった。
・今度は自分が「生きるための悪」によって殺され、因果応報で、羅生門に棄てられた。

など、学生たちの答えも千差万別です。正解はありませんが、読解力と想像力を働かせることで作品世界はより広がっていきます。あなたは、「下人のその後」がどうなったと思いますか。ぜひ想像してみてください。

## 欅坂46のMVに込められた「相反する感情」の真意

映画と同じように、映像に込められた真意を読解する力を養うための教材としておすすめなのが、音楽と映像を組み合わせたMV（ミュージックビデオ）です。

MVとは、削ぎ落とされた言葉の行間や比喩、象徴にあふれた歌詞からイメージとシーンを解釈して映像化したもの。楽曲の歌詞では言葉を、MVでは映像に込められたメッセージを読み解くという2方向のアプローチによって、楽曲をより深く理解し、その世界を楽しむことができます。

2018年8月にリリースされた欅坂46のシングルで『アンビバレント』という曲があります。

アンビバレントとは同じものごとに対して相反する感情を抱いたり、相反する言動を取ったりすることを意味します。両義的とも訳されます。この心理が言葉や態度にそのまま表れると、「本音と言葉が裏腹になる」という事態も発生してきます。

一般的ではない言葉でしたが、欅坂46の楽曲がヒットしたことで、言葉そのものが一気にメジャーになりました。

その歌詞にある、

〈孤独なまま生きて行きたい〉
〈だけど1人じゃ生きられない〉
〈ちゃんとしていなくちゃ愛せない〉
〈ちゃんとしすぎてても愛せない〉
〈誰かと一緒にいたってストレスだけ溜まってく〉
〈だけど1人じゃずっといられない〉

などのフレーズは、まさに相反する「アンビバレント」な感情が描かれたものです。

『アンビバレント』のMVでは、人は誰もが「ひとりでいたい、孤独でいたい」「でも、誰かと一緒にいたい」という、相反する感情を抱えている。人は誰もが、そうした他人との微妙な距離感や人間関係の難しさのなかで生きている——。そんなメッセージが、キレッキレのダンスと共に収録されています。

曲のセンターを務めるのは平手友梨奈さん。MVは、メンバーが絡まり合うようにして眠っているなか、平手さんがその集団から抜け出して歩き出すところから始まります。

その後、彼女にとっての複雑な人間関係からの解放を象徴するシーンなどが織り込まれ、でも最後はメンバーたちが手をつなぐなかに駆け寄って、絆を再確認していく。

そして曲が終わり、平手さんは踵を返して自分の場所へと戻っていく。その足元がクローズアップされる。


〈願望は二律背反〉

〈押し付けの理性なんて信じない〉


二律背反とはアンビバレントとほぼ同意の論理学用語で「同時には両立しえない二つのもの、自己矛盾」といった意味合いの言葉。この楽曲の核になる言葉とも言えます。社会のしがらみや人間関係の窮屈さから解放されてひとりになりたい。でもみんなとつながっていたい。この曲には、平手さんの内なるアンビバレントで二律背反な欅坂46への思いが込められている――そんな読み解きができます。

さらに、欅坂のファンの方なら、もう少し深い解釈もできるのではないでしょうか。

最後に平手さんが踵を返すシーン、それはしばらくグループに〝不在〟だった平手さんが欅坂46に戻ってきたというニュアンスも表現しているのではないか。アンビバレントとは、その間の平手さんの心の葛藤の象徴なのではないか。こうした想像は欅坂46の状況をわかっているファンだからこそできる読解でしょう。

もちろん見る人によって、それぞれの解釈があると思います。あっていいんです。大事なのは、アンビバレントという歌詞の世界の大きなヒントを手掛かりに、映像世界の奥を想像すること。MVには歌詞と組み合わせて映像を読解できるおもしろさがあります。

## 絵画にも描かれていない〝文脈〟がある――本を読めば絵がわかる

テレビ東京系で放送されている『美の巨人たち』（2019年4月より『新美の巨人たち』）という美術系の教養番組があります。毎回一枚の絵にスポットを当てて、画家の人生を紹介しながら、その一枚に描き込まれたメッセージを解き明かしていく、いわば「絵画読み解き番組」です。

例えば、雪の風景が美しいクロード・モネの『かささぎ』を取り上げた回では、「誰もいない静寂の白い世界に佇む一羽の黒いかささぎ」という雪の情景にモネが見出したものは何か、かささぎにはどんな意味があるのか。

ポール・ゴーギャンの『かぐわしき大地』では、「大地」なのにキャンバスの半分を使って裸婦を描いたのはなぜか、裸婦の視線の先にあるものは何か――。ひとつの作品を30分かけて読み解き、掘り下げていきます。

動かない一枚の絵に隠された真意や秘密の深さには、毎回驚かされてばかり。絵画にはあまり興味がない人にもぜひ見ていただきたい好番組です。番組での読解や検証に触れることで、作品を深く味わえるのと同時に、キャンバスには描かれていない本質を洞察し、読み解くトレーニングにもなります。

絵を見たとき、直感で「好き、好きじゃない」「いい絵だ、ピンとこない」といった何となくの印象を持つことはよくあります。絵画作品を味わうときは、知識や情報など関係なく、そうした直感的で素直な気持ちで向き合うほうがいいと考える人もいるでしょう。

そうした見方にも一理ありますが、直感の印象を大事にすることと、作品世界を読み解くことは根本的に異なります。

さらに言えば、絵画にも文学作品と同じように〝文脈〟があります。「ここに〇〇が描かれているのは、△△の象徴なのか」「ここでこの色遣いをしたのは、○○をイメージさせるためなのか」といったキャンバス上に連なっている文脈を追いかけることで初めて、画家の意図がわかることもあるのです。

ですから作品に関する本を読んだり、画家の自伝を読んだり、美術史の流れを勉強したりして知識を得ることが、より深い解釈と味わいにつながっていく。そうすることで、なぜこの画家がこの一枚を描いたのか。なぜゴッホは『ひまわり』を描いたのか。なぜ枯れかけたひまわりも描いたのか。なぜこの黄色にこだわったのか――といったことも見えてきます。絵画を理解するには直感だけでなく、知識を持って読解することも必要なのです。

画家の安野光雅さんが『週刊文春』で阿川佐和子さんと対談した際、絵が上手くなりたい人へのアドバイスを聞かれて、「本を読みなさい」とおっしゃっていました。安野さんは絵画だけでなく、文語体の詩や絵本を手掛けるなど、絵画と同時に、文学も非常に愛している方。その言葉には大きな説得力がありました。

文章だからこそ伝えられる情感があり、情感の理解が豊かになれば、その感性は絵画にもフィードバックされます。さらに絵画だけでなく映画にも音楽にも、観るもの聴くもの触れるものすべての理解に生きてくるでしょう。やはり読書があらゆるものごとの読解の基礎になっているのです。

## 5 「スポーツ」で読解力を鍛える

### ノムさんが教えてくれた、野球を「読解する」という楽しみ方

「何を考えているのか」「どういう意図があるのか」――相手の真意を読み解くという意味で、スポーツや勝負事、ビジネスなどにおける駆け引きや戦略分析、戦術解析もまた、読解力が求められるシチュエーションになります。


「インコース高めのストレートでのけ反らせたから、次はアウトコース低めのスライダーで空振りを取るっていうのがセオリーでしょ」

「おいおい、どうしてここで高めを要求するかなぁ」

「あのキャッチャー、全然わかってないな」

「やっぱり打たれた。言わんこっちゃない」

プロ野球のテレビ中継を見ながら、こんな〝オレ流の解説〟を繰り広げるファンの方も多いでしょう。ひいきチームを応援し、選手の素晴らしいプレーを見るだけでなく、個々人があれこれと「分析」する楽しさも野球観戦の醍醐味になっています。

今でこそ「配球を分析してピッチャーとバッターとの対戦を楽しむ」という観戦の仕方が当たり前になりましたが、多くの野球ファンに配球分析のおもしろさが広まったのには、ある出来事が大きく影響しています。

その出来事とは、ストライクゾーンを「内角・外角、高め・低め」で9分割し、ピッチャーがどのゾーンに何の球種を投げたかを画面に示す『ノムラ・スコープ』の登場です。『ノムラ・スコープ』とは、1980年頃、テレビのプロ野球中継で解説者を務めた野村克也さんが、現役時代に活用していたという9分割による配球の思考法をテレビの中継に導入したものです。

投げられたボールのコースと球種が一目瞭然でわかり、そこにノムさんによる配球の駆け引きの説明と、「次にどこへどんなボールが来ると、どうなるか」という予測がなされ、その結果についてさらに解説が加わります。

「どんなにキレがあっても、スライダーを3球も続けたら、そりゃ打たれるわな」

「ここは1球、ボール球でいいから内（インコース）を意識させたほうがいい」

「そうしとけば、次に外のスライダーに手が届かずに仕留められますよ」

するると、ノムさんが予想したとおりになる。配球ってすごいな、分析するとおもしろいんだなと、テレビを見ていたファンはみんなそう思ったわけです。

それだけ『ノムラ・スコープ』による9分割の考え方がわかりやすく、ファンの心をつかんだということでしょう。さらに、それまで地味で目立たなかったキャッチャーの存在が、「配球を考える司令塔」として重要視されることにもなりました。


以来、プレーする側の選手や監督やコーチ、もしくはかなりマニアックなファンだけのものだった「配球の分析」が一気に一般化しました。多くのプロ野球ファンが配球に詳しくなり、次に投げる球を「読解する」おもしろさを知ったのです。

バッテリーはどう攻めて打ち取りたいのか。バッターはその配球をどう読んでいるのか。普通に打ってくるのか、バントか、エンドランか。

前の打席で外角のカーブをクリーンヒットされたから、今回は内へのストレート中心になるのではないか。それとも裏をかいて同じ外の変化球か。

その打席だけでなく、それまでの打席やランナーの有無、そのシーズンの成績、元々の得意不得意、試合の点差など、さまざまな要素はいわば「文脈」のようなものです。

今の打席だけでなく、そうした文脈をも考えて投げるピッチャー、配球を指示するキャッチャー、それを迎え撃つバッターになったつもりで、次の1球の配球を読み解く——。

野球ファンの方ならばぜひ、そうした配球分析シミュレーションに積極的にチャレンジしてみてください。観戦がよりおもしろくなるのはもちろん、読解力をアップさせるトレーニングにもなります。

## フィクションのなかの「リアリティ」を見出す、それがプロレスの楽しみ方

野球やサッカーとは違う意味で大人の読解力が求められる競技、それがプロレスです。わかりやすく言えば、プロレスには「大人のお約束＝フィクション」から「リアリティ」を読み解く力が必要だということ。

作家の村松友視さんの名著『私、プロレスの味方です』を読んで、私はプロレスの本質に気づかされました。

村松さんいわく、レスリング（アマレス）とプロレスの最大の違いは、「いい試合」の解釈

にあるといいます。レスリングでは、相手のいいところを封じ込めて、相手に「自分のレスリング」をさせないのが「いい試合」であり、それができるのが「強い選手」になる。

ところがプロレスの場合は、両者がともに相手のいいところを引き出し合うのが「いい試合」になります。お互いが得意技を繰り出し、お互いがそれを受け合う。そうした技の応酬とぶつかり合いがプロレスの試合の醍醐味なのだと。

プロレスは「格闘ショー」だ、八百長だ、真剣勝負ではないなどと否定的な捉え方をされることもあります。ロープに飛ばされたって戻ってこなければいいじゃん。卍固めのようなややこしい技がスピーディにかかるのは相手が協力してるからじゃないの？　相手がトップロープによじ登っている間に逃げられるでしょ？　あんな反則ばかりでは勝ちも負けも意味ないでしょ？――プロレスに関しては、昔からこうした声を本当によく耳にします。

しかし村松友視さんは同書のなかで、プロレスと八百長に関してこう書いています。

ルールとはあらかじめ定められた八百長であり、そして、プロレスはルールにもっとも重みをおかないジャンルである、ゆえに、プロレスは八百長からもっとも遠いジャンルである。

『私、プロレスの味方です』（新風舎文庫）

これをやったら減点、これをやらなければ反則。みんな、その範囲を逸脱しないように戦いましょう。そうしたルールは、考えようによっては「前もって決められた筋書き」のひとつではないか。そう考えればルールがあやふやとされるプロレスのほうが、筋書きがない戦いとも言えるのではないか——。私もそんな村松さんの見解を読んで、「なるほど、そういうことか」と大いに納得したものです。

スポーツにおける真剣勝負というのは、意外にも派手に盛り上がる試合にならないことが多いもの。それは、相手の得意技を徹底的に封じ合う試合になりがちだからです。自分の得意技で決めるというよりも、ミスをしたほうが負けるといった試合展開になるのです。

もちろん、そうした息詰まる展開の真剣勝負だからこそ見る側にとってはおもしろく、そこに大きな感動も生まれます。

ただ、だからと言って「プロレスは八百長だからそうしたおもしろさや感動は生まれない」ということにはなりません。確かに真剣勝負という意味では違うかもしれない。でも真剣勝負だからおもしろくて、相手の技をわざわざ受けてみせるショーはおもしろくないということはないのです。

両者がプロフェッショナルとしての鍛え上げられた肉体とタフな体力、そして磨き上げられた華麗な技を惜しみなく披露し合う。人間は鍛え上げればこんな技まで可能なのか。それをここまで受けきれるのか――。たとえ勝ち負けについては〝大人のお約束〟があったとしても、そこにはそれ以上のおもしろさや大きな感動が間違いなく存在します。

フィクション的仕掛けのなかに存在する「鍛え上げられた肉体と技による、見る者を感動させるパフォーマンス」というリアリティ――プロレスの本質はそこにあります。

フィクションの部分のみを取り上げて、「あんなの出来レースだろう」「シナリオどおりにやってるだけじゃん」と否定しているだけでは、プロレスの本当のおもしろさにはたどり着けません。

〝大人のお約束〟のなかに厳然と存在する「真実」を見出せる。真剣勝負か八百長かという議論とは別次元での驚きや感動を生み出すリアリティを読み取れる。それがプロレスを楽しむための大人の読解力なのです。

# おわりに

「あたしの最上の友は本である」「本は宝物だ。どんなくだらない悪い本でも、なにかはある。真実がある。三文小説にだって、生きてきた人間の多少の歴史はあるだろう」――有名ブランド「シャネル」の創設者ココ・シャネルの言葉です（ポール・モラン著、秦早穂子訳『獅子座の女シャネル』より）。

世界中が認めるシャネルのファッションデザイナーとしての天才的な資質の基盤は、本を読むことによって形成されていたのではないか。文学の世界に触れることで人間観が深まり、美的センスが磨かれていったのではないか。彼女の成功は、「本を読む」習慣によって支えられていたのではないか。私はそう考えています。

2015年に経済協力開発機構（OECD）が世界72カ国の15歳を対象に実施した国際学力テストの結果、日本の子どもの読解力は世界8位。前回調査時の4位から大きく順位を下げています。

もうひとつデータを挙げましょう。2017年に全国大学生活協同組合連合会が実施した「第53回学生生活実態調査」によると、1日の読書時間が「0分」という大学生は53・1%と、半数を超えていることがわかりました。

さらに少し古いデータですが、文化庁が実施した平成25年度の「国語に関する世論調査」でも、47・5%が「1か月に本を1冊も読まない」という結果が報告されています（平成26年度以降は同調査に読書に関する項目はなし）。

日本人がここまで本を読まなくなったこと、読書離れがここまで深刻化していることに痛切な危機感を覚えざるを得ません。

そしてもっと大事なのは、「読解力の低下」は子どもだけの問題ではない、「読書離れ」は大学生だけの問題ではない、ということ。文章を読み解く力が低下している子どもたちが、大学生になっても本を読まないまま、大人になって社会に出ていく――。そう考えれば、これらの問題は日本人全体の、現代人全体のこととして考えなければなりません。

インターネットで常に膨大な情報に触れ、SNSで頻繁にメッセージを送り合う。私たちは、決して文章と無縁の生活をしているわけではありません。識字率にしても日本は世界的に見てトップクラスです。

しかしながら、文字を読めることと、文章から本質を読み取れることとは異なります。文字は読めても、文章の裏側に込められた真意を読み解けない。これが、現代の日本人が直面している読解力不足の〝由々しき現状〟なのです。

そもそも読解力とは、教科書やテストの問題文を正しく読み込むためだけの力ではありません。それは読解力の一部分でしかありません。

作者の意図を読み解いて世界観を共有し、知性や教養を育む力。

他者の心情を慮ってコミュニケーションが図れる能力。

場の空気を察して然るべき行動ができる力。

私たち現代人が持つべき読解力とは、こうした「社会に適応するための総合的なスキル」のことを指します。

そして、その総合的な読解力を養うためにもっとも効果的なトレーニングとなるのが「読書」「文学を読むこと」なのです。

本を読むことがどうしてコミュニケーションや「場の空気」を察することにつながるの

か。学校の国語や現代文の授業が、人付き合いや空気を読むこととどう関係があるのか。そんな疑問を持つ人もいるでしょう。

大いに関係があります。社会で他者との関係性のなかで生きていくことと、国語の授業で夏目漱石の『こころ』を、芥川龍之介の『羅生門』を、太宰治の『走れメロス』を、さまざまな文学作品を読むことは、しっかりとつながっています。

なぜなら、読書は、読む者と作者との「対話」だからです。

作者が物語に込めた本当に伝えたい思いを受け取り、正しく理解する力。相手の言葉や表現に内包されている真意に思いを巡らせる力。それは、相手の気持ちを慮ってよりよい人間関係を構築しようとする力、人の気持ちがわかる力と何ら変わりありません。

そう考えれば、読解力とは、つまるところ「相手を思いやる力」のこと。読解力を磨くことは、人を思いやる心を育む自己形成の手段でもあるのです。

読解力は、知的な満足感をもたらしてくれるものでもあります。

ロバート・キャンベルさんの『井上陽水英訳詞集』(講談社)には、『傘がない』のタイトルをI've Got No Umbrellaとキャンベルさんが訳したところ、陽水さんに「それは違う」と言われた話が出てきます。陽水さん曰く、

「傘は象徴なのです。『俺』の傘ではなく、人間、人類の『傘』なのです。傘は平和や優しさだったりする。だからタイトルはNo Umbrella(ノーアンブレラ)でお願いします」

読解を通して、深いやり取りが行われています。

*

ＡＩ搭載ロボットが東京大学の入試に挑むプロジェクトが行われたり、２０４５年にはＡＩが人間の知能を超えるシンギュラリティ（技術的特異点）に到達すると予測される「２０４５年問題」が話題になったり――近年、ＡＩ（人工知能）の進化が一段と加速度合いを増しています。

しかし、これほどまでに進化してきたＡＩにも、いまだにクリアできない大きな壁があります。それが「文章や言葉に込められた真意を読み取る読解力」です。

どれだけ膨大なデータを蓄積しても、ＡＩには、行間を読む、感情を読む、場の空気を読むといったことは難しい。相手の気持ちを慮って行動したり、想像力を働かせて相手の心情を察したりすることは、今もって、人間が得意とする領域と言えるでしょう。

読解力とはこれからのＡＩ時代を生き抜いていくために必要不可欠な、「究極に人間らしい能力」です。ですから、人間が人間であるためにも、私たちは読み解く力を磨き続けるべきなのです。本書がそうした意識啓発の一助になってくれれば幸いです。

この本が形になるにあたっては、柳沢敬法さん、幻冬舎編集部の大島加奈子さんから多大な御協力を頂きました。ありがとうございました。

齋藤　孝

## 著者略歴

齋藤 孝
さいとうたかし

一九六〇年、静岡県生まれ。
明治大学文学部教授。
東京大学法学部卒業。
東京大学大学院教育学研究科博士課程等を経て現職。
専門は教育学、身体論、コミュニケーション論。
『身体感覚を取り戻す』で新潮学芸賞受賞。
『声に出して読みたい日本語』(毎日出版文化賞特別賞)が
シリーズ二六〇万部のベストセラーになり日本語ブームをつくった。
NHK Eテレ「にほんごであそぼ」総合指導。
『15分あれば喫茶店に入りなさい。』
『イライラしない本』など著書多数。
累計発行部数は一〇〇〇万部超。

幻冬舎新書 569

大人の読解力を鍛える

二〇一九年九月二十五日　第一刷発行

著者　齋藤　孝
発行人　志儀保博
編集人　小木田順子
発行所　株式会社　幻冬舎
〒一五一-〇〇五一　東京都渋谷区千駄ヶ谷四-九-七
電話　〇三-五四一一-六二一一(編集)
〇三-五四一一-六二二二(営業)
振替　〇〇一二〇-八-七六七六四三
ブックデザイン　鈴木成一デザイン室
印刷・製本所　中央精版印刷株式会社

GENTOSHA

JASRAC 出 1908693-901

編集協力　柳沢敬法


Printed in Japan　ISBN978-4-344-98571-1 C0295
さ-15-2
幻冬舎ホームページアドレス https://www.gentosha.co.jp/
＊この本に関するご意見・ご感想をメールでお寄せいただく場合は、comment@gentosha.co.jp まで。